LE GARDE MUNICIPAL

ROMAN DE MOEURS.

Par Maximilien PERRIN.

Auteur des Mauvaises Têtes, de la Servante Maîtresse, de la Fille de l'Invalide, de l'Amour et la Faim, de l'Amant de ma Femme, de la Demoiselle de la Confrérie, de la Femme et la Maîtresse, de ma Vieille Tante, du Mari de la Comédienne, etc., etc.

TOME SECOND.

PARIS

CHARLES LACHAPELLE, ÉDITEUR,

RUE SAINT-JACQUES, 38.

1841.

LE GARDE MUNICIPAL.

PUBLICATIONS NOUVELLES, format in-8.

Madame d'ABRANTÈS.

LA DUCHESSE DE VALOMBRAY. 2 v.	10 fr.
LES DEUX SOEURS, histoire d'une famille, 2 v.	10
BLANCHE; 2 v.	10
ÉTIENNE SAULNIER roman historique, 2 v.	10
LA VALLÉE DES PYRÉNÉES, 2 v.	10
RAPHAEL, 2 v.	10

Touchard-Lafosse.

LES RÉVERBÈRES, Chroniques de Nuit du vieux et du nouveau Paris, 6 v.	30
CHRONIQUES DES TUILLERIES ET DU LUXEMBOURG, physiologie des cours modernes, 4 vol.	20
Les tomes 5 et 6 se vendent séparément.	10
Ils contiennent les MÉMOIRES D'UN FROTTEUR, sur les cours de Louis XVIII et de Charles X, complément indispensable des Chroniques des Tuilleries,	
MARTHE LA LYVONIENNE, 2 v.	10
LE BOSQUET DE ROMAINVILLE, 2 v.	10
RODOLPHE ou A MOI LA FORTUNE, 2 v.	10
LES AMOURS D'UN POÈTE, 2 v.	10
LES JOLIES FILLES, 2 v.	10
LE CAPORAL VERNER et le général garnison, 2 v.	10
DEUX FACES DE LA VIE, ou le poète et l'homme positif, roman de mœurs, 2 v.	10

Auguste Ricard.

LA CHAUSSÉE D'ANTIN, ou HISTOIRE DU MARQUIS DE SAINTE-SUZANNE, 2 v.	6
NI L'UN NI L'AUTRE, 2 v.	6
LA STATUE DE LA VIERGE, 2 v.	6
COMME ON GATE SA VIE, 5 v. in-12.	6
JADIS ET AUJOURD'HUI, 2 v.	6
MA PETITE SOEUR, 2 v.	6
LES VIEUX PÉCHÉS, en société avec Maxi. Perrin, 2 v.	6

Maximilien Perrin.

LA GRANDE DAME ET LA JEUNE FILLE, 2 v.	10
LES MAUVAISES TÊTES, 2e édition, 2 v.	6
LA DEMOISELLE DE LA CONFRÉRIE, 2 v.	10
L'AMANT DE MA FEMME, 2 v.	6
L'AMOUR ET LA FAIM, 2e édition: 2 v.	6
LA SERVANTE MAITRESSE, 2 v.	10
LA FILLE DE L'INVALIDE, 2 v.	6
LE MARI DE LA COMÉDIENNE, 3 v.	9
MA VIEILLE TANTE, 2 v.	10

L'AMOUR D'UNE FEMME, par Charlotte Sor, auteur des Souveuirs du duc de Vicence. 2 v.	6
LA MORT D'UN ROI, par Dominique Mondo, r. h. 2 v.	6
LA FEMME AIMABLE, par Louis Couailhac, 2 v.	6
L'INDUSTRIEL, ou NOBLESSE ET ROTURE, 2 v.	6
MÉMOIRES DE LA MORT, par Carle Ledhuy, 4 v.	20

Imprimerie de Pommeret et Guenot, hôtel Mignon.

LE GARDE MUNICIPAL

ROMAN DE MOEURS.

Par Maximilien PERRIN.

Auteur des Mauvaises Têtes, de la Servante Maîtresse, de la Fille de l'Invalide, de l'Amour et la Faim, de l'Amant de ma Femme, de la Demoiselle de la Confrérie, de la Femme et la Maîtresse, de ma Vieille Tante, du Mari de la Comédienne, etc., etc.

TOME SECOND.

PARIS

CHARLES LACHAPELLE, ÉDITEUR,

RUE SAINT-JACQUES, 38.

1841.

I

TROIS MOIS APRÈS.

— Sapristi ! faut-il être cancre, d'enfermer ainsi le pain dans un buffet !

— Oh ! oui qu'il faut l'être pour laisser des apprentis mourir de faim, tandis qu'on va soi-même faire un bon dîner en ville, répondait le petit Micou, à l'observation de Coco, occupé en ce moment à donner des coups de pieds dans la porte d'un buffet en noyer, appartenant à M. et à madame Briolet bijoutiers fabricans, chez qui, depuis quatre mois, Coco était entré en apprentissage en compagnie du petit Micou ancienne connaissance du boulevard Bonne-Nouvelle.

—Micou, j'en ai assez du métier d'apprenti et si tu voulais m'en croire nous profiterions de l'absence du patron et de sa femme pour jeter bas le tablier et filer notre nœud.

— Bon! çà t'est ben facile à proposer, toi Coco, qui à des parens callés, une sœur qu'a voiture et qui désire t'avoir près d'elle pour faire de toi un monsieur, mais moi c'est pas de même vois-tu, car mes parens n'ont pas le sou et ne manqueraient pas de me taper sur la guibolle si, suivant ton conseil, je retournais comme çà chez eux.

— Micou, tu es un capon, un lâche, qui préfère mourir de faim chez notre ladre bourgeois où tu reçois plus de coups que de morceaux de pain, plutôt que de montrer du caractère. Et bien moi, j'en ai assez de la barraque et des coups de trique qu'on nous y administre, je dis zut! au métier et me révolte, car enfin, c'est une infamie, de la part de la bourgeoise que de nous affamer ainsi, d'enfermer chaque jour le pain au point de nous rendre secs comme des harengs saurs. Et c'est ainsi, pauvre Micou, que tu consens à végéter, à dépérir quatre ans encore? à ton aise mon bijou, quand à moi, bonsoir, je retourne chez mère Germain, puis chez sœur Pauline, où il y a certaine dame Ganoche, un peu farce il est vrai, mais qui m'adore et me demande chaque foi qu'elle me voit, si je veux venir habiter son hôtel où je ne serai ni plus ni moins traité que si j'étais l'enfant de la maison.

— T'es ben heureux Coco, d'avoir tout çà et de pouvoir être ton maître, mais moi, c'est ben différent.

— Parce que tu es un capon; encore une fois, Micou, au risque de recevoir les calottes paternelles, suis mon conseil te dis-je et filons, je me charge de faire entendre raison à ton père, brave homme, qui appréciera l'excellence du régime Briolet en apercevant ton corps diaphane et ta peau zébrée grâce à l'application fréquente de la trique.

— Ma foi t'as raison Coco, décampons, répond Micou en se frottant les côtes, encore sous l'influence douloureuse d'une correction reçue dans la matinée du jour même.

— Fort bien! mais pas avant d'avoir fait une bonne farce à la bourgeoise, ni démasqué son avarice et pour celà, va me chercher un commissionnaire avec ses crochets, dit Coco en souriant.

— Un commissionnaire, à quoi bon? fait Micou avoc surprise.

— Va, te dis-je, et dépêche.

C'était sur les cinq heures du soir et par un jour pluvieux, que causaient ainsi les deux apprentis, un dimanche que monsieur Briolet, bijoutier fabricant, rue Bourg-l'Abbé, ainsi que son épouse, femme avare et méchante, avaient choisi pour aller dîner chez un confrère rue Monconseil, sans s'occuper nullement de leurs jeunes apprentis que, selon un usage fréquent ils avaient laissés au logis sans nourriture aucune, oubli volontaire et barbare qui entrait tout-à-fait dans les vues économiques du couple intéressé.

Ce dîner où assistaient ce jour M. et madame Briolet était donné à l'intention de l'anniversaire de la naissance de l'amphytrion; plus, afin de faire choix parmi les trente convives qui devaient dévorer le dit festin, d'un parrain et d'une marraine pour l'enfant que portait alors en son sein la maîtresse de la maison, sœur cadette de notre ancienne connaissance mademoiselle Aspasie Bichautière, actuellement marchande à la toilette, depuis certain vol fait chez elle,de la somme de trente beaux mille francs.

On était à table, plus il était six heures, lorque la servante de la maison entra dans la salle à manger, réclamant le silence de la part des convives en gaîté afin de pouvoir exprimer son message.

— Que voulez-vous Charlotte?

— Je viens prévenir madame Briolet, que monsieur Coco son apprenti suivi d'un commissionnaire chargé d'un buffet, demande à lui parler à l'instant, répond la servante à sa maîtresse.

Alors madame Briolet, fort peu d'avis de quitter une table couverte d'une foule de mets, dont l'odorat et le goût flattaient infiniment sa gourmandise, ordonne à son mari d'aller voir ce dont il s'agit et monsieur Briolet de ne rien trouver de plus naturel, afin de ne point se déranger, que de faire entrer Coco qui se présente la tête haute et la malice dans le regard.

— Que venez-vous faire ici drôle, quel est ce buffet apporté par l'homme qui vous accompagne? demande madame Briolet, dont le ton dur et sec attire l'attention de toute la société.

— Ce buffet est le vôtre, celui qui meuble votre salle à manger, dame Briolet, dit Coco effrontément.

— Voila qui est étrange! pourquoi le faire apporter ici? reprend madame Briolet du ton de la surprise et de la colère.

— Ah! voilà le hic, c'est que, comme vous avez sans cesse l'habitude d'enfermer le pain et de laisser par ce moyen, mourir de faim Micou et moi, je vous apporte, bourgeoise, le buffet, afin qu'il vous plaise de l'ouvrir et de nous donner à dîner, répond Coco, tout en visant la porte du coin de l'œil.

Alors, toute la société part d'un éclat de rire, monsieur Briolet et son épouse rugissent de colère.

— Brigand! ah! tu nous feras un pareil affront s'écrie le fabricant en quittant sa place et se dirigeant vers Coco, qui à ce geste gagne aussitôt la porte et se jette par mégarde dans la cuisine où le poursuit son maître.

En cet endroit, Charlotte dans son coup de feu, la main armée d'une écumoire, retirait les beignets de la poêle; effrayée par l'apparition subite et inattendue du gamin, qui d'un bond, vient tomber près d'elle, Charlotte donc dans sa frayeur, pousse la queue de la poêle qui se renverse dans l'âtre, et met le feu à la cheminée. Un chat,qui guettait le moment de voler quelque friandises, se trouve éclaboussé par la friture bouillante, il se sauve en poussant des miaulemens affreux : il rencontre M. Briolet qui, en ce moment entrait à la cuisine, afin d'y poursuivre Coco, lui saute après les jambes, s'y cramponne avec fureur. Le bijoutier qui se sent entrer dans le mollet les griffes de l'animal se met à crier d'une force épouvantable. Charlotte de son côté fait retentir la maison des cris au feu! au feu! et Coco profitant de la circonstance, se sauve à toutes jambes. La maîtresse de la maison accourt effrayée, suivie de tous ses convives. A la vue du feu qui gronde et pétille, la dame croit ressentir les premières douleurs de l'enfantement et demande à grands cris un accoucheur. L'amphytrion envoie donc quérir la sage-femme par un ami et durant ce temps, cherchant à eteindre l'incendie, il veut regarder dans la cheminée le feu prend à sa perruque blonde, madame Briolet qui voit le danger voulant arracher le gazon à une entière destruction se précipite sur la tête incendié et le feu se communique à sa robe de mousseline claire. Alors, monsieur Briolet qui s'est enfin débarrassé de son chat, voyant le danger que court son épouse s'empresse de prendre le baquet de la fontaine d'en jeter le contenu sur le couple embrâsé, et par ce moyen d'éteindre l'incendie. Quant au feu de la cheminée moyennant un drap mouillé placé devant l'âtre il n'eut aucune suite fâcheuse. Tout alors rentra dans le calme: monsieur Briolet se lava les jambes avec de l'eau et du sel; son épouse se barbouilla le visage et les mains avec de la farine de pomme de terre, spécifique souverain contre la brûlure, dit-on; la sage femme arriva toute essoufflée pour exercer aussitôt son ministère et les convives congédiés, furent priés de revenir le lendemain achever le diner commencé et faire le baptême de l'enfant que venait de mettre au monde la maitresse du logis, lequel, on déclara être du sexe masculin et avoir avec son père une ressemblance miraculeuse. Coco après s'être par une prompte fuite, soustrait au châtiment qui menaçait ses épaules, se dirigea, satisfait de la réussite de son espièglerie, vers la demeure de madame Germain, où, en arrivant, il trouva cette dernière en société de Michel et Pierre Renaud.

— Ah ! te voilà Coco, ton maître d'apprentissage t'a donc donné ce soir la clef des champs ?

Et sur cette question de la vieille dame, l'enfant sourit et raconte sa fuite, puis fait connaître sa ferme détermination de ne plus retourner chez un maître qui non content de le laisser mourir de faim, l'assomme de coups pour un oui ou pour un non.

— Nous reparlerons de cela plus tard, mauvais garnement, mais en ce moment, laissez-nous causer d'affaires plus importantes et retirez-vous dans la pièce voisine, répond Pierre Renaud d'un ton moitié riant moitié sévère en s'adressant à Coco qui, sans plus attendre enfile la porte de sortie et disparaît aussitôt en sifflottant.

— Le terrible enfant! fait en soupirant madame Germain,

— Espiègle, mais doué d'une foule d'excellentes qualités, dit Michel, dont le visage pâle et amaigri annonce un être souffrant.

— Ainsi donc, comme Pierre Renaud vous le disait tout-à-l'heure, Michel, notre Pauline, à laquelle vous vous intéressez encore, quoiqu'étant depuis trois mois déjà la femme de M. Félix de Viguerie, est heureuse, très heureuse dans son ménage, dit madame Germain, en reprenant la conversation interrompue par l'arrivée de Coco.

— Et cela mon brave, en dépit de la peur que vous nous fîtes certain jour, en arrivant ici, la figure toute bouleversée, vous informer si le Félix de Viguerie, que vous connaissiez, n'était pas celui que nous venions de donner pour mari à Pauline. Franchement, vous ne traitâtes pas, ce jour, très charitablement mon gendre, et tout ce que vous nous débitâtes sur son compte, fut loin de nous rassurer sur le bonheur à venir de ma fille. Allons, Michel, avouez maintenant que la jalousie, le chagrin de perdre une femme que vous aimiez vous rendirent injuste envers Félix, termine Pierre Renaud en fixant le jeune homme.

— Allons, allons, Pierre, pas de reproches à ce bon Michel, voyez combien vos paroles semblent l'attrister encore plus, lui, malade dangereusement depuis trois mois, malade d'amour, de regrets, lui enfin, inconsolable de n'avoir pu plaire à notre Pauline, de l'avoir perdue pour toujours.

— Pardon, Michel, pardon si mes paroles ont pu vous offenser, car je vous aime, vous estime et me serais trouvé honoré, heureux de vous nommer mon gendre, si cette petite sotte ne s'était amouraché d'un autre, qui sous tous les rapports, soit dit entre nous, ne me convient nullement, reprend Pierre Renaud, en pressant la main de Michel.

— Ah! Michel, il y a quelqu'un qui se chargerait volontiers de remplacer dans votre cœur, celle que vous regrettez tant, dit madame Germain.

— Oui, cette jolie baronne allemande qui

est venue si souvent le visiter lors de sa maladie m'avez vous dit, dame Germain? interrompt Pierre Renaud.

— Oh! une dame charmante, douce, bonne et qui, le voyant souffrant, sans connaissance aucune, fixait sur lui des regards où se peignaient l'intérêt le plus tendre et les plus doux sentimens.

A ces paroles de la vieille dame, Michel qui avait gardé le silence et semblait livré à d'amères et profondes réflexions, rompant enfin le silence :

— Ainsi donc, monsieur, dit-il, en s'adressant à Pierre Renaud, je me suis alarmé en vain sur les suites d'une union qui jusqu'alors vous semble des plus fortunées?

— Tout à fait, mon cher Michel. Prévenu par vous, contre l'époux de Pauline, j'ai renoncé à m'éloigner de ce nouveau ménage ainsi que j'en avais d'abord conçu le projet; je me suis fait, au contraire, l'ami de la tante, l'habitué de son hôtel, le commensal de sa table, tout cela à l'encontre de mes goûts, de mon caractère fier et indépendant mais afin d'être mieux à même de surveiller la conduite de mon gendre envers sa femme, ma Pauline, mon enfant chérie! Eh bien! qu'ai-je vu, pendant deux mois d'une vigilante observation? un époux aux petits soins près d'une femme qu'il caresse sans cesse, qu'il comble d'égards de jolis présens, un mari parfait enfin, et qui n'a d'autres torts à mes yeux que d'être trop dépensier, trop prodigue.

— Ajoutez, ceux encore, d'avoir payé ses dettes avec une partie de la dot de votre fille, d'avoir dissipé le reste, à satisfaire les caprices d'une maîtresse qu'il entretient à grands frais, plus, celui de caresser Pauline en votre présence, celle de sa tante et de la maî-

traiter dans le tête-à-tête, interrompt Michel d'une voix ferme.

— Hé! que dites-vous là? allons c'est impossible! s'écrie Pierre Renaud interdit, en rougissant et fixant Michel avec surprise.

—Bonté du ciel! d'où tenez-vous tont cela, Michel? interroge madame Germain avec inquiétude.

— De la bouche de celle qui,ce matin m'a remis les quinze mille francs en billets de banque que voici, avec commission de les placer au nom de Pauline, répond Michel en etant les billets sur la table.

— Mais encore quelle est cette femme généreuse? demande Renaud avec impatience.

— Celle, qui sait apprécier monsieur Félix de Viguerie à sa juste valeur et prévoit la ruine prochaine de Pauline.

— Serait-ce cette jolie baronne? s'informe madame Germain.

— Non, fait Michel.

— Mais qui donc alors? demande de nouveau Pierre Renaud avec impatience.

— Je ne puis la nommer, qu'il vous suffise de savoir que cet argent appartient à Pauline que je vous le confie pour qu'il soit, au jour du malheur, rendu à votre fille.

— Mille tonnerres! aurais-je été jusqu'alors la dupe de l'hypocrisie de ce Félix! s'écrie Pierre Renaud en frappant du pied avec colère.

— Pierre, il faut éclaircir cette affaire, questionner Pauline... dit madame Germain toute tremblante.

— Cependant Michel, qui donc contraint ce Félix en ma présence?..

— Le besoin de ménager un beau père dont il croit la fortune colossale; plus, une tante dont il convoite l'héritage et qui déjà vingt fois le menaça de le priver de son bien s'il n'agissait envers Pauline, en époux fidèle et tendre.

— L'hypocrite! exclame Renaud, malheur à lui s'il m'a trompé, car il le paiera cher! merci Michel, de m'avoir désillusionné sur ce fourbe qui désormais marchera droit, j'ose l'assurer. Quant à ces quinze mille francs, je suivrai les intentions de la donatrice en les plaçant dès demain.

— En attendant qu'une autre somme aille leur tenir compagnie, interrompt Michel.

— Quoi, encore d'autre argent? fait Renaud avec surprise.

— Je l'espère, répond Michel en s'efforçant de sourire.

— En vérité je n'y comprends rien... Michel cet argent ne serait-il pas le vôtre? demande Renaud.

— Non en vérité, la paie d'un simple brigadier est trop mince pour qu'elle lui permette de faire de tels présens.

— Mais de par tous les diables ! d'où et de qui vient cet argent, plus celui dont vous annoncez la prochaine venue ? s'écrie Renaud.

— Que je vous l'indique et aussitôt vous en détournerez la source pour l'envoyer se perdre entre des mains où il ne me serait plus possible de la saisir; or donc, ne m'interrogez plus père Renaud reprend Michel en se levant et prenant aussitôt congé des deux personnages.

— Renaud, ce que Michel vient de nous dire mérite toute votre attention, mon ami, fait entendre la vieille dame restée seule avec le père de Pauline.

— Aussi, vais-je reprendre dès aujourd'hui le rôle d'amoureux que je remplis depuis deux mois près de la dame Ganoche afin d'être de nouveau à même de surveiller la conduite de mon cher gendre.

— Vous! faire l'amoureux près de la tante de votre gendre ! dit madame Germain avec surprise.

— Et l'épouser si cela se peut.

— Vous plaisantez, Renaud!..

— Non en vérité, rien de plus sérieux, au fait, que trouvez-vous de singulier dans un mariage qui m'assurerait bonheur et richesse; plus, la précieuse facilité d'épier la conduite de mon gendre du matin au soir, et celle de veiller à la conservation d'une fortune qui d'après le caractère extravagant de dame Ganoche, son goût pour le mariage, l'antipathie qu'elle manifeste de plus en plus pour son neveu, pourrait un jour passer en d'autres mains ?

— Ainsi vous épouseriez la tante pour

conserver la fortune de cette dernière à son neveu? ...

— C'est-à-dire à ma fille, après avoir trouvé le moyen de la lui assurer entière avec condition cependant d'en jouir avec son époux si Félix, par sa conduite, sait mériter ce partage.

— Pierre est-il généreux de votre part de vouloir déshériter l'époux de votre fille?.

— Généreux, non, mais prudent, oui; afin d'enrichir ma fille, de la mettre à l'abri de la misère où ne manqueraient pas de l'entraîner les folles dissipations, l'inconduite de son mari.

— Mais, votre fortune, Pierre, n'est-elle suffisante pour parer aux maux que Michel vient de nous faire entrevoir sans avoir recours à la fortune des autres.

— C'est ce dont je vous rendrai compte dame Germain, après avoir examiné l'état de mes finances. En attendant, permettez que je vous quitte pour me rendre près de ma future.

Cela dit, Renaud fait silencieusement quelques tours dans la chambre, puis s'éloigne ensuite pour se diriger vers l'hôtel habité par madame Ganoche, Félix et Pauline. Dans la salle à manger du dit hôtel il reconnaît avec surprise Coco arrivé longtemps avant lui et à table jusqu'au menton.

— Que fais-tu là, vaurien ?

— Cher père, j'use des prérogatives qui me sont accordées par la maîtresse de céans, femme éminemment aimable et sensible à mon mérite, qui dès ce jour me veut près d'elle et prétend me gâter, me dorloter, me bichonner ni plus ni moins que si j'étais son héritier.

— Fort bien; mais, au moins, Coco, tâche de ne point mésuser des bontés qu'on a pour toi en cette maison et de t'y conduire avec décence.

— Oui, papa, répond le gamin la bouche pleine et le visage à moitié plongé dans une énorme coupe remplie de confitures.

II

LA PARURE DE DIAMANS

— Salut à la belle Julia, disait mademoiselle Aspasie Bichautière les deux bras chargés d'énormes cartons en se présentant chez la jolie danseuse.

— C'est vous, démon tentateur; quoi vous amène à Auteuil ? que venez-vous m'offrir aujourd'hui ? d'avance, je vous en préviens ce serait en vain, pour me séduire, que vous étaleriez à mes yeux tous les colifichets de votre boutique ambulante, car en ce moment ma bourse est totalement vide.

— N'importe, *il est avec le ciel des accommodemens,* je vais donc, charmante dame, vous montrer un gracieux bijou qui, suspendu à votre cou d'albâtre, éblouira, à l'instar de vos beaux yeux, tous ceux qui le contempleront.

— Merci vous dis-je, je ne puis acheter, dérobez donc à mes yeux la vue des choses qui pourraient exciter mon envie et mes regrets.

— Comment se fait-il que la plus charmante nymphe du grand opéra, la femme convoitée, adorée de tout ce que Paris renferme d'hommes élégans et riches, en soit réduite à se refuser la satisfaction d'un caprice ; de faire emplète de ce charmant collier perles et rubis, de cette croix en brillant d'un travail exquis?

Tout en disant, Aspasie qui avait ouvert ses boîtes, étalait aux yeux de la danseuse les bijoux dont elle vantait la beauté.

— Oh! que c'est joli ! les beaux brillans! la gracieuse parure. Combien cela vaut-il? s'écrie Julia en s'emparant des objets avec empressement.

— Tout cela est pour rien, mille écus voila tout!

— En effet ce n'est pas cher...

Et Julia de se parer du colier, de la croix, d'en admirer l'éclat, puis reprenant avec tristesse :

— Oui, c'est magnifique ; mais je n'ai pas

d'argent, dit-elle en accompagnant ces mots d'un pénible soupir.

— N'avons-nous pas dans monsieur de Viguerie un ami obligeant, généreux, reprend d'un ton insouciant la marchande à la toilette.

— Impossible ma chère de demander à un homme qui, il y a trois jours, m'a donné dix mille francs afin de m'aider à me débarrasser d'une foule de dettes criardes.

— Que vous avez payées?

—Oui, répond la danseuse avec hésitation.

— Sottise! il fallait garder cet argent et acheter cette parure, que je me ferais un vrai plaisir de vous vendre à crédit si elle m'appartenait, si la personne qui me l'a confiée pour la vendre n'avait en ce moment un grand besoin d'argent comptant.

— Eh bien! n'en parlons plus, répond Julia en détachant le collier de son cou et le remettant à Aspasie.

— Quel dommage, cette parure vous sied si bien! quoi?n'y a-t-il moyen de parler à monsieur de Viguerie, de lui montrer ces bijoux, de manifester en sa sa présence le désir de les posséder? dit l'insinuante Aspasie en agitant les brillans dans ses doigts afin de mieux séduire Julia par l'éclat de leurs feux.

— Peut-on entrer? s'informe en ce moment une voix à travers la porte du boudoir.

— Monsieur de Viguerie! s'écrie la danseuse avec joie.

— Oui, c'est le ciel qui l'envoie en ce moment, la parure est à vous, jolie Julia, reprend vivement et à voix basse la marchande à la toilette.

— Entrez-donc Félix, ignorez-vous, ami,

que, sans cesse, ma porte est ouverte pour vous? dit Julia de sa place et en souriant gracieusement au jeune homme qui vient se placer à ses côtés sur le même divan.

— Que faites-vous donc là, Julia? Ah! je devine, quelques emplètes; voila ma foi! de beaux diamans, sont-ils à vous! dit Félix en prenant le collier et la croix qu'il admire tour-à-tour.

— Hélas! non, répond Julia en soupirant de nouveau et fixant sur les diamans un regard de convoitise des plus significatifs.

— Ils sont à vendre, et pour rien; une bagatelle, mille écus, je les offrais il y a un instant à mademoiselle qui brûle d'envie de les acheter, mais qui n'a pas les fonds nécessaires, fait entendre Aspasie.

— Félix, mon ami, Aspasie dit vrai, ces diamans feraient mon bonheur et je n'ai plus d'argent.

— Ni moi, en ce moment, répond sèchement Félix.

— Cependant monsieur, il me faut absolument cette parure, reprend Julia d'un ton ferme et en faisant une jolie petite moue.

— Impossible à moi de vous être utile en cette acquisition si madame exige de l'argent comptant ; mais, plus tard, nous verrons.

— Non monsieur, il me faut cette parure aujourd'hui même, on je cesse d'aimer un homme qui, sans égard aucun, me refuse une bagatelle que dix autres mettraient à mes pieds au moindre désir que je manifesterais de leur possession.

— Vous êtes injuste Julia, oubliez-vous donc qu'il y a trois jours?...

— Oui, je sais, dix mille francs que vous m'apportâtes ! he bien ! je les ai dépensés, je ne possède plus rien, mais est-ce une raison pour me refuser aujourd'hui une nouvelle preuve de cet amour que vous me jurez sans cesse?

— D'autant plusque j'accepterai volontiers la signature demonsieurcomme argent comptant, du moment que la lettre de change ne passerait pas un mois et qu'un léger intérêt de quelques cents francs, ajouté à la somme ferait prendre patience à la propriétaire de ces diamans, fait en ce moment entendre Aspasie.

— S'il en est ainsi, je consens volontiers, cette parure est à vous ma belle Jutia, dit Félix en jetant le collier et la croix sur les genoux de la danseuse, qui, aussitôt, paie d'un tendre regard la généreuse condescendance de son amant.

L'effet est aussitôt souscrit, trois mille quatre cents francs en forment le total; mais la marchande, en sus de la signature du galant, exige encore celle de la danseuse car on ne sait qui meurt et qui vit, donne-t-elle pour raison, et les affaire terminées, Aspasie congédiée, Julia parée de son riche collier tombe amoureusement dans les bras de son amant, qui, par mille caresses, fait payer à la belle le présent arraché à son amour.

Quelques heures plus tard, Félix s'arrachait des bras de la danseuse qui, les lèvres encore humides et dans un désordre complet de parure, le reconduisit jusqu'à la porte de son appartement où elle prit congé de lui.

Une heure encore et la nymphe du grand Opéra courait ouvrir elle même une petite porte secrète, et donnait entrée dans sa chambre à coucher à Michel, notre beau brigadier.

— Bonsoir Julia.

— Bonsoir mon ami, asseyez-vous près de moi et donnez vîte des nouvelles de votre santé.

—Je me sens mieux, les forces me reviennent de jour en jour.

— Ah ! tant mieux, mon ami. Comme vous avez chaud.

Cela disant, Julia de l'air le plus tendre, le plus empressé, essuyait la figure du jeune homme et sur son front déposait un baiser dont Michel, peut-être involontairement, s'empressa d'essuyer la trace du revers de sa main, ce que voyant la danseuse.

—Ah ! Michel craignez-vous donc que mes caresses ne laissent un stigmate honteux sur votre front ? Hélas ! toujours même mépris de votre part pour celle qui vous aime avec tant d'ardeur et de sincérité, pour celle dont vous disposez de la volonté comme de la vôtre ; ah ! je le vois Michel, vous ne m'aimerez jamais ! votre fierté se refuse à rendre amour pour amour à la pauvre Julia qui, pour vous cependant, pour vous prouver sa tendresse, son abnégation, repousserait jusqu'à l'hommage d'un roi, qui, depuis longtemps déjà vous appartiendrait exclusivement de corps, d'ame et de cœur, si vous ne lui aviez ordonné d'accueillir un Félix de Viguerie, de feindre aimer cet homme. Jugez de la force de la sincérité du dévoûment de ma tendresse pour vous, puisque j'ai consenti à remplir cette humiliante mission imposée par l'homme aux yeux duquel il me plairait le plus de me rendre estimable.

— Bonne Julia, point de reproches je t'en prie. Enfant! tu sais s'il m'est permis de payer ton amour de mon amour, toi que j'ai rendue confidente de mes chagrins de cœur.

— Mais elle est donc bien belle cette Pauline, l'épouse de ce Viguerie, pour avoir mérité toute ta tendresse pour la conserver encore toute entière, même lorsque tu as perdu tout espoir de la posséder jamais? Sais-tu, Michel, que ma patience est à bout, que la jalousie commence à étouffer en moi la générosité; que tu as trop exigé de mes forces, enfin! que je veux rompre avec monsieur de Viguerie?

— Ne t'en avise pas Julia, car alors, cet homme incorrigible porterait son hommage à une autre femme pour laquelle il dépouillerait sans ressource sa malheureuse épouse.

— En vérité, malgré mes chagrins, mon dépit, je ne puis m'empêcher de rire en pensant au singulier rôle que tu me fais jouer, Michel, celui de ruiner un homme, d'exiger sans cesse de lui pour remettre en cachette à son épouse les dons que je tiens de sa générosité. A propos, continue la danseuse, as-tu remis au père de cette Pauline, les quinze mille francs en question, cette somme enfin que Félix m'avait donnée pour acquitter mes dettes supposées?

— Hier, j'ai fait ce dépôt entre les mains de Pierre Renaud. Quels sont ces magnifiques diamans? ajoute Michel en apercevant le collier et la croix attachés au cou de Julia.

—Exigerais-tu que je me privasse de cette parure en faveur de ta protégée, fait Julia en saisissant vivement le colier en le couvrant de ses deux mains comme pour le dérober, mais trop tard, aux regards du jeune homme.

— Non, si ce présent ne te vient pas de M. de Viguerie.

—Il ne vient pas de lui, répond Julia, non sans hésiter et rougir.

—Julia, tu trahis en ce moment la vérité, la rougeur qui couvre ton front m'indique que tu oublies le pacte de franchise juré entre nous.

A ces mots, la jeune femme de rougir encore plus et de baisser les yeux; puis, après un instant de silence :

— Eh bien! oui, je tiens ces bijoux de la générosité de M. de Viguerie et j'espère Michel que vous n'abuserez pas cette fois de l'empire que vous avez sur moi pour me dépouiller de cette parure qui fait ma joie.

— Garde Julia, mais alors, je cesse d'estimer l'artiste généreuse pour mépriser en toi la maîtresse salariée de M. de Viguerie, répond froidement Michel.

—Quelle exigence! quelle tyrannie! s'écrie Julia les larmes aux yeux et du ton de la plus grande impatience.

— Suite et conséquence de notre mutuel projet de ruiner le mari déloyal pour enrichir la femme trompée et dépouillée. Allons ma bonne Julia, ne trahis point cette générosité dont ton ame m'a donné la preuve, songe que ce Viguerie est ruiné, que pour faire emplète de cette brillante parure dont il t'a fait hommage, cet homme doit avoir contracté un engagement ruineux, et préparé à sa vertueuse épouse un avenir de larmes et de misère, dit Michel de l'accent de la douceur en enlaçant de ses bras le beau corps de Julia en l'attirant doucement à lui.

—En effet, ces diamans ne sont point payés, Félix et moi, il y a un instant, avons signé sur cette table, la lettre de change dont le paiement indiqué à un mois acquittera le prix de cette parure.

— Voilà qui me rend moins exigeant alors, car je puis assurer dès cet instant que M. de Viguerie sera à cette époque dans l'impuissance de satisfaire à cet engagement et que ma belle Julia en punition de sa trop grande légèreté, sera contraint de faire à elle seule honneur à la lettre de change.

— Par exemple! moi, payer trois mille quatre cents francs! où les prendrai-je? mon Dieu!

—Sur les appointemens dont le grand Opéra récompense les bonds gracieux de la légère sylphide.

— Mes appointemens, allons donc! ils suffisent à peine pour payer mes gants.

— En ce cas Julia hâte-toi de rendre ces bijoux au prix même d'un léger sacrifice afin d'indemniser le marchand.

— Hélas! se défaire d'une aussi belle parure! ah! Michel si je ne t'aimais pas autant, qu'il me serait aisé de m'en faire assurer la pleine et entière possession, en souriant, un peu seulement, aux doux propos que bourdonne chaque soir autour de moi une foule de riches adorateurs.

—Ah ! Julia, fi de ces propos, ils sentent la Phriné.

— Dam ! que veux-tu Michel, la vertu est tellement austère, elle exige de si rudes sacrifices !

— Julia tu es incorrigible.

— Et toi Michel, un ennuyeux amant, un moraliste parfois bien fatiguant.

— Ton amant Julia, je ne le suis pas ni ne peux l'être.

— A quel droit donc cet empire que tu exerces sur moi.

— Celui d'un ami, d'un frère, ce que je prétends toujours être envers toi, titre plus précieux que celui d'amant. Oui Julia, je me fais ton ami, ton frère, viens donc me trouver si jamais l'infortune te menaçait, car alors, je me ferais ton protecteur, je partagerais avec toi comme avec une sœur chérie. Maintenant telles minces que te semblent ces avantages, réfléchis Julia, si tu dois espérer autant, de la part de tes amans passés et présens?

— Merci, merci Michel, j'accepte tout ce dont ton cœur peut disposer en ma faveur; oui, je le sens, un excellent ami doit être cent fois plus précieux pour une pauvre femme telle que moi que tous les amans du monde; et cependant je regrette ton amour Michel, car avec lui, je sens que j'aurais été sage, heureuse en ne vivant que pour toi en te consacrant tout mon être.

Encore un long entretien entre les deux jeunes gens, et Michel prit congé de Julia pour regagner Paris et la rue Saint-Florentin, où l'appelait le désir de faire une visite à M. de Norbert ainsi qu'à la jolie baronne, qu'il n'avait pas vue depuis plus d'un mois, époque où ils vinrent le visiter sur le lit de de souffrance où l'avait longtemps retenu la douleur occasionnée par la perte de Pauline, et la nouvelle de son mariage avec Félix de Viguerie.

— Oui, je te le répète ma chère Amélie, c'est mener trop loin la reconnaissance que de la pousser jusqu'à l'amour, Michel est un brave et beau garçon, j'en conviens; mais ce n'est pas une raison pour que toi, baronne et riche, tu paies le service qu'il m'a rendu du prix de ta main et de ta fortune, disait M. de Norbert à sa fille, quelques instans avant l'arrivée de Michel, en route pour leur demeure.

— Quoi, mon père, c'est chez vous, chez vous, homme généreux, aux idées grandes et libérales, que je rencontre de l'opposition dans l'accomplissement de mes vœux les plus chers, et lorsque j'ai découvert dans celui qui vous a sauvé la vie, l'homme honnête, délicat, noble à tous égards; est-ce l'obscurité de sa position, celle de son nom, le manque de fortune qui doivent m'arrêter dans le désir de faire son bonheur et le mien en le nommant mon époux.

— Mais, Amélie, oublies-tu que le cœur de Michel n'est plus libre?

— Il l'est maintenant, mon père, puisque celle qu'il aimait avec tant d'ardeur s'est donnée à un autre.

— D'accord, mais la preuve qu'il l'aime encore c'est que le pauvre jeune homme est resté jusqu'alors inconsolable de la perte de cette Pauline, à ce que nous a conté sa mère adoptive, lorsque nous fûmes pour la voir, et que nous trouvâmes Michel absent. Ce n'est pâs que le don de ta gracieuse personne ne soit capable, ma chère Amélie, de faire oublier les maux les plus cuisans, dit M. de Norbert en fixant sa fille avec un aimable sourire.

— Permettez-donc alors, mon père, qu'en faisant mon propre bonheur, je venge ce bon Michel des torts de l'amour et de la fortune.

— Je t'aime trop, mon enfant, pour vouloir m'opposer davantage à l'accomplissement de tes désirs, et puisque tu penses sérieusement trouver le bonheur dans une union avec celui que tu préfères à vingt brillans partis qui se disputent ta main, que ta volonté soit faite ; et cependant, malgré l'amitié que je ressens pour Michel, la connaissanc ede ses excellentes qualités, je ne puis m'empêcher de te faire part que j'aurais préféré pour second époux à ma fille, un homme lettré et d'une condition moins obscure.

— Un homme comme ce monsieur Félix de Viguerie sans doute, qui n'en voudrait qu'à ma fortune et me rendrait la plus malheureuse des femmes, exemple la conduite de Félix avec sa jeune épouse qu'il délaisse, abandonne pour courir près d'une autre femme, offrir son hommage et prodiguer la dot Pauline. Non, mon père, non! point de ces hommes volages, dissipateurs, mais Michel avec sa franchise, son cœur excellent et désintéressé.

— Va donc pour Michel! maintenat qui lui fera la première ouverture? car le brave garçon est loin de se douter du sort brillant, du bonheur que tu lui prépares; sera-ce toi ou moi.

— Ni l'un ni l'autre, mon père; mais bien son colonel à qui je vous engage de faire une visite, à faire part de mes intentions, en le priant de les communiquer à Michel.

— Soit! tu seras la cause que ce garçon-là deviendra fou de joie.

— Peut-être, et je ne suis pas sans inquiétude sur sa décision, car Michel n'a pas d'amour pour moi, en aime une autre, et son cœur est trop désintéressé pour que ce soit ma fortune qui le décide.

— Et moi je te promets d'avance qu'il ne sera pas assez sot pour refuser la main d'une jeune femme, belle, spirituelle et riche.

— Espérons, mon père! répond Amélie en soupirant.

En ce moment un valet de chambre vient annoncer M. Michel, et la jeune femme rougit à ce nom.

— Bonjour, Michel, fait M. de Norbert en allant au devant de notre garde municipal et lui prenant la main qu'il presse avec aménité.

— Madame la baronne, permettez que je vous présente mes hommages respectueux.

Quelques complimens de part et d'autre, et la conversation de s'entamer.

— Je tremblais, monsieur et madame de ne plus vous retrouver à Paris, d'après l'intention que vous me manifestâtes de partir sous peu pour votre terre, la dernière fois que j'eus l'honneur de vous voir.

— Non, monsieur, nous ne partons pas ainsi sans faire nos adieux à nos amis, répond Amélie.

— Nous avons différé notre départ de quelques jours encore, enfin, jusqu'à la décision d'une affaire importante qui intéresse fortement Amélie, dit à son tour M. de Norbert.

— Tant mieux ! au moins j'aurai le plaisir de vous voir plus longtemps.

— Ce plaisir, il dépend de vous, monsieur, de le prolonger éternellement, en acceptant les offres que mon père et moi vous firent lors de notre entrée en connaissance, fait entendre Amélie.

—L'intendance de nos propriétés que vous refusâtes, Michel, parce qu'alors de tendres sentimens vous enchaînaient à Paris, dit le baron.

— Et que je ne puis accepter encore, monsieur, me jugeant, moi soldat ignorant, incapable de remplir convenablement cet emploi.

— Allons donc! fausse modestie. Décidément, Amélie, il nous faudra faire tout autre qu'un intendant de ce gaillard-là, ainsi que tu me le conseillais il y a un instant.

— Quoi, vous aviez l'obligeance de vous occuper de moi durant mon absence? s'informe Michel.

— Et très sérieusement encore, réplique M. de Norbert à qui Amélie effrayée impose silence en plaçant un doigt sur ses lèvres.

— Compris, ma chère enfant, fait le baron en souriant à la frayeur de sa fille.

— Monsieur Michel, comment vous sentez-vous maintenant?

— Beaucoup mieux quoique faible encore, répond le jeune homme à la question d'Amélie.

— Et le cœur, mon pauvre Michel? s'informe M. Norbert.

— Hélas! il se résigne! soupire le militaire.

— Bon Michel! comme il sait aimer, qu'il est coupable le cœur qui ne comprend pas le sien! dit Amélie avec tendresse; et l'arrivée d'un importun visiteur de mettre fin à l'entretien de Michel avec le père et la fille.

L'INTÉRIEUR D'UN MÉNAGE.

Il est temps enfin, de revenir sur notre principale héroïne que depuis longtemps nous n'avons vu paraître en scène, sur notre pauvre Pauline qui avait cru trouver en Félix de Viguerie, son séducteur, un homme digne d'elle, un époux tendre, fidèle, et qui cruellement désabusée par l'abandon, la froideur, après avoir mis au monde un enfant qui mourût en naissant, s'étiolait de plus en plus ainsi qu'une belle fleur confiée aux soins d'un inhabile jardinier. En effet, ainsi qu'avait dit Michel, instruit du secret du ménage par un valet gagné par lui; Félix craintif de mécontenter madame Ganoche dont l'amitié pour Pauline s'augmentait de jour en jour, plus encore, croyant Pierre Renaud beaucoup plus riche que ce dernier n'annonçait être, Félix donc, joignait l'hypocrisie à la méchanceté, affectait en présence de son beau père et de sa tante, les soins les plus empréssés, les caresses les plus douces envers sa jeune épouse; et les témoins de ces tendresses affectées de s'écrier : « Oh! l'heureux couple, l'aimable union! » Combien de ménages semblables dans ce monde! Mais, pourquoi cette conduite de la part de Félix? Parce que le jeune homme pressé par ses créanciers, en prenant Pauline pour épouse, n'avait été séduit que par la dot qu'elle lui apportait, que cette même dot dissipée, il ne restait plus de cette union à Félix, qu'une femme pour qui il n'avait plus d'amour même avant le mariage, une femme qui, blessée par l'abandon de son époux, par le peu d'attention qu'il lui témoignait, osait s'en plaindre à lui et pleurer en sa présence la perte de son amour, l'isolement où il la laissait chaque jour, les privations de tous genres dont il l'accablait. Blessée au cœur et partout, désillusionnée cruellement, Pauline jetait un souvenir, un regret sur le passé en songeant à Michel, Michel si bon, qui l'aimait si tendrement la croyant pauvre et sans famille; mais hélas! regrets inutiles! C'était lorsque l'époux de retour d'une partie de jeu, d'une honteuse orgie rapportait le remords et l'ivresse au logis, qu'avaient lieu les scènes conjugales; car alors Pauline qui avait veillé une partie de la nuit le coude sur le bras de son fauteuil, la tête appuyée sur la main et les yeux mouillés par d'abondantes larmes, ne pouvait s'empêcher dans l'excès de sa douleur, de saluer l'arrivée de l'époux par un soupir, une plainte, mais une plainte prononcée avec l'accent de la douceur.

—Vos larmes continuelles m'insipident ma chère, je n'ai jamais prétendu en vous épousant changer de conduite, d'habitudes, ne plus être le maître de mes actions; faites ainsi que moi, au lieu de vous confiner, dans les jupes de ma très honorée tante, menez la vie gaie et joyeuse, exploitez la liberté que je vous laisse, à une seule condition cependant, celle de ne plus me fatiguer continuellement les oreilles de vos pleurnichemens, de vos reproches éternels, celle enfin de me faire bon visage lorsque tous deux las de plaisirs, envieux de repos, nous nous rencontrerons au logis.

Ainsi répondait Félix aux plaintes de son épouse, et Pauline humiliée par de semblables conseils qui lui démontraient toute l'indifférence de son mari à son égard, désespérant de pouvoir jamais le ramener à elle, emportées par l'indignation, passait de la plainte aux reproches et menaçait Félix de dévoiler les désordres de sa conduite, son hypocrisie à Pierre Renaud, à sa tante. C'est alors que la fureur s'emparait de Félix, que poignant le bras de Pauline, lui meurtrissait la chair impitoyablement; qu'insensible à ses regards douloureux et supliants il la menaçait du sort le plus funeste, de l'exiler dans quelque campagne lointaine si sa bouche osait jamais faire entendre une plainte un reproche sur son compte.

Et la jeune femme horriblement effrayée, cédant à la torture, promettait obéissance et discrétion.

Lorsque le jour succédait à ces nuits écoulées dans la discorde et les larmes, Félix ne rencontrant sur les traits de Pauline que la pâleur et la tristesse, exigeait que le fard adroitement ménagé, suppléât sur les joues de la jeune épouse, à l'absence de l'incarnat naturel, puis, qu'un sourire forcé animat son visage, qu'un enjoûment factice remplacât l'abattement; et cette métamorphose achevée le bourreau entraînait sa victime dans l'appartement de dame Ganoche où souvent près de cette dernière ils rencontraient Pierre Renaud devenu l'ami, le commensal, la partie intégrande, inséparable de la tante. En cet instant, en présence des arbitres souverains, des dispensateurs d'une fortune qu'il convoitait de toute la force de son ame, Félix changeait de rôle et se composant de son mieux jouait le badinage, l'homme empressé, aimable et galant près d'une épouse qui s'efforçant de retenir la larme prête à couler de sa paupière, grimaçait un sourire qu'amenaient de force sur ses lèvres, la menace et la crainte.

Et tout cela se passait après quatre mois de ménage;et Pierre Renaud témoin du bonheur factice de sa fille, s'écriait tout enthousiasmé :

— Décidément, Michel ne sait ce qu'il dit, la jalousie seule le fait parler car Pauline est heureuse, très heureuse !

Mais cet homme crédule allait bientôt être cruellement désabusé sur la bonne opinion qu'il avait de son gendre.

—Oui, dame Ganoche, disait un soir Pierre

Renaud seul et assis près de la tante de Félix ; oui, je me sens tout à fait disposé en votre faveur et si un homme comme moi ne vous était pas trop désagréable en qualité d'époux, eh bien ! je sens que je n'aurais nulle répugnance à convoler avec vous en secondes noces.

Ce langage de Renaud à madame Ganoche, se trouvait légitimé par l'extrême confiance, les avances plus qu'amicales que la dame n'avait cessé de témoigner au marchand depuis leur entrée en connaissance; intimité des plus grandes qui avait inspiré à Renaud la pensé d'une union avec cette femme et cela dans l'intention unique, de veiller à la conservation d'une fortune qu'il regardait comme devant par ses menées, son adresse, revenir un jour à sa fille, fortune dont il craignait la dissipation, si elle tombait dans es mains de son gendre à qui il accordait beaucoup de bonnes qualités hors celle de l'économie.

— Dam ! mon bonhomme si le cœur vous en dit, je pourrai peut-être bien me décider aussi à ce *conjoncto*, quoique çà ferait peut-être ben un peu enrager mon garnement de neveu, mais je m'en moquerions comme de Colin-Tampon, vu qu'en épousant le père de sa femme, ce mariage ne pourrait lui faire aucun tort, fit réponse la dame aux avances du galant Renaud.

— Alors, chère amie, si nous sommes du même avis tous deux, hâtons-nous d'appeler les violons pour conclure l'affaire, et cela sans nous occuper du qu'en dira-t-on.

— Renaud, qu'avez-vous pour fortune ? Quant à la mienne, elle se compose, ainsi que je vous l'ai dit, de vingt-cinq bonnes mille livres de rentes, produit net de deux fermes sises dans la Beauce.

— Hum! fit Renaud un peu déconcerté par la brusque question de la dame, puis après avoir réfléchi un instant :

— Mon avoir consiste en quelques centaines de mille francs éparpillés de droite et de gauche; mais que je me propose de réaliser d'ici à quelque temps.

— Pas d'immeubles à ce qu'il y paraît, mon fiston?

— Aucun.

— N'importe! c'est l'homme qui me convient; quant à sa fortune, je m'en moque, j'en possède assez pour deux.

— Femme généreuse! d'exclamer alors Renaud en pressant de la main les genoux de la tante, qui fort chatouilleuse, se mit à rire aux éclats.

— Peste! on est fort en gaîté ici, fait entendre Félix entrant à l'improviste.

— Ah! Ah! c'est toi, monsieur mon neveu? viens un peu ici que je t'apprenne une nouvelle qui pourra bien te faire rire jaune.

— Hé! qu'est-ce donc, ma tante? un accident imprévu, voyons, parlez, je vous écoute répond le jeune homme en s'asseyant nonchalament sur un siége placé non loin du beau-père et de la tante.

— Tu sauras garçon qu'il me prend en ce moment une démangeaison de mariage, que je suis toute prête à succomber à la tentation.

— Vous plaisantez sans doute, à votre âge il y aurait folie!

—Qu'est-ce que tu dis polisson, à mon âge? sais-tu que je n'ai encore que cinquante-huit ans.

— Et quel est l'heureux mortel à qui vous êtes tenté, ma chère tante, d'unir votre gracieuse personne? fait Félix en grimaçant le sourire.

— A Renaud que voilà, ton beau père, un bon enfant s'il en fut, en qui je rencontre toutes les bonnes qualités du défunt que je regrette encore.

— J'aime à croire que tout ceci n'est qu'un badinage, reprend Félix déjà fort effrayé et fixant ses regards scrutateurs sur les deux personnages.

—Dites-y donc, Renaud, qu'il n'y a rien de plus vrai, à ct'entêté-là, s'écrie madame Ganoche.

— Du moment que vous me donnez plus que des espérances, je consens à persuader Félix. Oui mon garçon, j'épouse votre tante, avant un mois elle sera ma femme sans que cela nuise en rien à votre présent comme à votre avenir.

— Tu l'entends garçon, dans un mois, même avant, dit-il, je serai madame Renaud, ta tante et ta belle-mère.

— Ainsi, la chose est sérieuse?

— Très sérieuse, répond madame Ganoche, puis reprenant, ça te taquine un peu fiston, pas vrai? mais sois tranquille, ce mariage, comme vient de le dire Renaud, ne nuira en rien à tes intérêts ni à ceux de ta femme.

— Et le contrat?.. s'informe Félix.

— Parbleu! au dernier vivant les biens, répond la dame.

A ces mots, Félix ne pouvant plus longtemps se contenir, laisse échapper un geste d'patience.

— Dites donc monsieur mon neveu, vous m'avez tout l'air d'un pékin des plus vexés, il semble en vérité, qu'avec vous je ne sois plus la maîtresse de ma personne ni de mes écus; vous vous trompez fort alors, car le bâtard de ma sœur Javotte, la blanchisseuse, n'a rien à prétendre sur moi ni sur mon bien, hors ce qui me plaira de lui accorder. Ainsi donc filons doux, neveu, où je déshérite ! dit l'ex-vivandière d'une voix forte en fixant sur son neveu un regard hautain et sévère.

Alors Félix s'apercevant qu'il serait imprudent à lui d'indisposer sa tante davantage, baisse pavillon aussitôt et d'un ton souriant et gracieux.

— Eh quoi ! ma bonne tante, dit-il, vous vous fâchez, avec grand tort je vous assure ; mariez vous, que m'importe à moi, n'êtes-vous pas la maîtresse absolue de vos actions ? la seule grâce que j'implore est que l'amitié que vous allez porter à votre nouvel époux, n'altère en rien celle que jusqu'alors vous avez daigné témoigner à votre neveu.

— A la bonne heure ! voilà comme j'aime à t'entendre parler fiston, avec ce langage là, vois-tu, tu mèneras toujours ta tante par le le bout du nez et tu pourras sans cesse compter sur elle à la condition aussi, que tu continueras à rendre ta petite femme ben heureuse.

— J'aime trop ma Pauline, ma chère tante, pour jamais démériter de vos bontés en cessant de la rendre heureuse.

Comme Félix prononçait ces dernières paroles, la porte vint à s'ouvrir pour donner passage à Pauline qui d'un air affectueux, craintif, fut embrasser son père et sa belle tante.

— Quoi que t'as ce soir, ma petite? t'as l'air tout chose, est-ce que tu serais malade? voyons, viens t'assire près de moi et me conter ça, dit madame Ganoche à la jeune femme en lui présentant la main que cette dernière saisit avec affection.

—Rien, ma tante, seulement une migraine.

— Qui t'aura forcé de garder la chambre tout ce jour, car nous ne t'avons pas vue depuis la matiné, observe Renaud.

— Pourquoi donc monsieur mon neveu, ne nous disiez-vous pas que votre femme était malade?

— Bonne tante, j'ignorais que ma Pauline fut indisposée, absent depuis ce matin pour une affaire importante. je ne l'avais pas revue de la journée.

—Allons, laisse-nous donc tranquilles avec tes affaires importantes, bon à rien que tu fais, dis donc que tu es allé courir avec tous les freluquets de ta connaissance, les membres du *Jokes's-Club* comme tu les appelle, tas de fakins qui donnent à leurs chevaux la préférence sur leurs femmes; belle société ma foi!

— Pardon, ma Pauline, de t'avoir délaissé une journée entière, mais j'ignorais ton état de souffrance dit Félix, laissant l'observation de l'ex-vivandière sans réponse et de ses bras, entourant amoureus ment la taille de sa femme qui, craintive, reçoit avec froideur ces marques d'une feinte tendresse.

— Le bon ménage! le bon ménage, s'écriaient à la fois Pierre Renaud et dame Ganoche.

— Continuez à vous aimer longtemps ainsi mes enfans et vous n'aurez point à vous plaindre de votre tante, ajoute en sonriant la bonne madame Ganoche.

— Peut-on entrer? fait entendre Coco, de la chambre voisine et qui, sans attendre de réponse, vient d'un bond tomber sur les genoux de la tante qui l'accueille avec joie et après lui avoir pris la tête entre ses mains, dépose deux gros baisers sur les joues du gamin dont le caractère hardi et bruyant, les innocentes espiégleries ont gagné son amitié.

Coco, depuis un mois, c'est-à-dire, depuis son escapade de chez M. Briolet le bijoutier son maître d'aprentissage, habite l'hôtel de la tante, car madame Ganoche faisant fi d'un métier pour son petit protégé a juré d'en faire un notaire, et quoique l'esprit, l'instruction soient rien moins que nécessaires pour remplir cette charge, à en juger par les connaissances de ceux qui l'occupent, madame Ganoche donc, du consentement de Pierre Renaud, a fait tout de suite entrer Coco dans un excellent externat pour y commencer son éducation tout à fait négligée, en attendant qu'il soit placé au collége.

— Eh bien! et la science petiot, ça va-t'y son train? s'informe la protectrice en tapotant les joues de l'enfant.

— Dam! un petit peu, c'est dommage seulement que leur latin soit si embêtant, répond Coco en se dandinant.

— N'importe mon enfant, il faut étudier avec persévérance, ne point te rebuter, te rendre digne enfin de devenir un homme, de l'intérêt que veux bien te témoigner notre excellente amie, dit Pierre Renaud.

— Fort bien ! mais avec tout cela plus de marelle, plus de jeu de billes, plus de toupie, il faut du matin au soir que je griffonne du noir sur du blanc.

— Le beau malheur ! n'as-tu pas assez polissonné et n'est-il pas temps de songer à te faire un état ! reprend Pierre Renaud avec sévérité.

— Allons, ne le grondons pas ce chérubin car je suis certaine qu'il fera un jour un fameux savant, dit madame Ganoche en pressant l'enfant et le faisant sauter sur ses genoux.

La soirée se passa ainsi en famille, et la

pendule ayant sonné onze heures, chacun regagna son appartement.

A peine Félix suivi de Pauline fut-il rentré chez lui qu'il se laissa tomber sur un large fauteuil en poussant une exclamation qui indiquait la colère et la rage.

— Qu'avez-vous mon ami ! s'empressa de s'informer Pauline en accourant près de son mari, mais non sans crainte et sans chercher à lire dans les yeux de Félix si l'intérêt qu'elle exprimait en ce moment n'allait point être récompensé par une injuste brusquerie.

— Ce que j'ai? la rage, la fureur dans le cœur ! répond l'époux en se poignant le sein, en donnant mille marques d'impatience.

— Hélas ! quoi donc a pu occasionner si subitement en vous, ce transport furieux, vous Félix, qui, ce soir, en présence de votre tante, de mon père, paraissiez être si calme, si heureux ?

— Les vieux fous ! penser au mariage à leur âge, un pied déjà dans la tombe, s'écrie Félix pour toute réponse.

— Mon ami, de qui parlez-vous. qui pense à se marier !..

— Qui ! parbleu, ma vieille folle de tante, ton père !

— Ensemble? fait Pauline.

— Ensemble ! la chose est convenue, de ce soir.

— Quel bonheur mon ami ? laisse échapper la jeune femme avec joie.

Et Félix fixe aussitôt sur l'imprudente un regard où se peint la fureur et Pauline baisse les yeux, sent ses jambes fléchir sous elle.

— Quel bonheur dites-vous, lorsque cette ridicule union va m'imposer deux maîtres au lieu d'un, lorsqu'elle place dans les mains d'un étranger; une fortune que j'étais sur le point de saisir...

— Félix, cet étranger est mon père, un ami qui veut notre bonheur.

— Qui? votre père, un inconnu, dont on ignore la position, la fortune, un homme enfin dont la conduite passée et présente est une énigme indéchiffrable.

— Ah! Félix, mon père est un honnête homme, s'empresse de s'écrier Pauline.

— Ce dont je doute, car un honnête homme se fait mieux connaître, ne fait point élever ses enfans par des étrangers et surtout ne cache point sa véritable demeure.

— Monsieur! par pitié, cessez d'outrager l'auteur de mes jours par d'indignes conjectures, reprend la jeune femme avec fierté; et comme elle allait continuer, un valet vint frapper à la porte pour remettre à son maître divers lettres et papiers, qu'après les avoir pris avec humeur des mains du valet, Félix se mit à examiner en silence sans plus prêter d'attention à Pauline qui, suffoquée par les larmes, l'indignation était allée s'asseoir dans un coin de la chambre.

Parmi ces papiers un surtout, parut fixer vivement l'attention du jeune homme et augmenter les nuages du mécontentement dont sa figure était déjà chargée. Quel était donc ce papier? Un commandement de payer dans les vingt-quatre heures la somme de trois mille huit cent francs pour l'acquit d'une lettre de change échue depuis huit jours, celle enfin, souscrite par Félix en payement de certaine parure en brillans offerte un mois avant à Julia la danseuse. Félix après avoir pris connaissance du papier le froisse avec rage dans ses mains; ce que voyant l'indulgente épouse :

— Qu'est-ce donc Félix, mon ami? s'écrie-t-elle avec inquiétude.

— Un traître, un ami perfide pour qui j'ai répondu il y a un mois au plus de la somme de quatre mille francs, somme qu'il me faut payer dans les vingt-quatre heures si je veux éviter la contrainte par corps.

— Oh ciel ! quelle affreuse menace. Il faut payer Félix, payer tout de suite !

— Fort bien, mais avec quoi, je n'ai nul argent en ce moment.

— Mon Dieu ! comment faire ? s'écrie Pauline en joignant les deux mains et levant les yeux au ciel.

— Comment faire ? parbleu un léger sacrifice si vous tenez à la liberté de votre époux.

— Parlez, Félix, parlez !

— Me confier pour quelques jours, les diamans, les cachemires que vous tenez de la générosité de ma tante afin qu'il me soit permis d'emprunter dessus la somme qui m'est nécessaire.

— Oui, mon ami, prenez tout et soyez libre, répond vivement Pauline en courant vers sa toilette afin d'y prendre son écrin.

— Très-bien ! mais pour cette nuit lassez ces diamans où ils sont, demain il sera temps de me les remettre, dit Félix en se dirigeant vers la porte.

— Quoi mon ami, vous vous éloignez de moi encore cette nuit? fait entendre la jeune femme de l'accent du reproche en fixant un regard attristé sur son mari.

— Je suis fatigué, j'ai quelques lettres à écrire, à demain ma chère.

Et cela dit il s'éloigne en laisant la jeune épouse anéantie par tant de froideur et d'indifférence.

— Hélas, hélas! que je suis donc malheureuse ! s'écrie Pauline avec désespoir et tombant en larmes sur un fauteuil où l'infortunée demeure longtemps plongée dans d'amères réflexions; d'où son regard enfin dégagé des pleurs abondantes qui l'interceptaient aperçoit une des lettres que Félix à reçues et que par mégarde ce dernier a oubliée et laissée ouverte sur la toilette de sa femme; alors un désir curieux s'empare du cœur de Pauline, celui, par la lecture de cette lettre, de plonger un coup d'œil dans les affaires, la conduite de son époux. Elle se lève, court vers le papier que sa main saisit en tremblant. Une écriture de femme, un parfum exquis qui s'exhale de cette lettre, Pauline lit.

« A quoi pensez-vous donc, mon ami,
« pour ne point avoir encore payé cette fatale
« et ennuyeuse lettre de change? savez-vous
« bien qu'un huissier à face ignoble et basse,
« un homme enfin honteux de son vil mé-
« tier, s'est présenté hier chez moi, pour me
« sommer, en qualité d'endosseur de payer
« ladite lettre. Qu'ai-je fais? j'ai ri de pitié

« au nez de cet exécuteur des hautes œuvres
« commerciales qui s'est retiré furieux lors-
« que dans mon dépit je lui eus jeté son
« griffonnage timbré par la face. Mais assez
« de plaisanteries comme cela et apprenez-
« moi, mon cher amant, s'il est délicat à vous
« de mettre une maîtresse dans un pareil em-
« barras? Si votre usage est de laisser payer
« par les femmes les diamans dont vous leur
« faites hommage, je vous préviens, Félix,
« que le dépit, la haine, remplaceront dans
« mon cœur tout l'amour qu'il vous a voué,
« si vous ne vous hâtez de terminer au plu-
« tôt cette maudite affaire. Est-ce donc une
« somme si forte que 4000 francs, pour tant
« se faire tirer l'oreille, ou êtes-vous tellement
« au bout du rouleau, que vous ne puissiez
« dans votre bourse trouver encore cette
« bagatelle? venez vous expliquer demain
« matin de toutes ces choses avec moi, me

« sortir d'inquiétude, me dire que vous m'ai-
« mez toujours, alors je ferai en sorte de vous
« prouver qu'il en est de même de ma per-
« sonne à votre égard,

« Toute à vous, JULIA. »

Pauline a lu, la lettre alors lui tombe des mains, ses yeux se remplissent de nouveau de larmes abondautes.

— Il me trompe! il en aime une autre et ce sacrifice qu'il exigeait de moi, cet emprunt de mes parures qu'il me fait ce soir est pour payer les dettes contractée en faveur d'une maîtresse; oh! l'infâme, hélas! moi qui lui pardonnais son abandon, son indifférence, qui l'aimais encore malgré tous ses torts envers moi; ah! comme je vais le haïr désormais!... Une maîtresse! pour elle son amour, ses soins, des diamans quand il me prive de tout, que ma vie, par ses ordres se passe dans la solitude, loin du monde, des plaisirs, c'est affreux ! abominable !.. Oh ! Michel ! Michel ! que le ciel te venge bien de mon indifférence ! que n'ai-je écouté ton amour, accepté l'hommage de ton cœur franc et loyal ; pourquoi mon orgueil a-t-il fait choix à ta place d'un homme du monde? avec toi Michel, je serais heureuse, je serais aimée, Eh bien ! rien de tout cela pour la pauvre folle qui, au soldat honnête et fidèle, a préféré un inconstant. Cela dit de l'expression de la plus vive amertume, Pauline tombe dans une profonde et douloureuse rêverie dans laquelle le jour vint la surprendre, le coude posé sur le bras d'un fauteuil et la joue appuyée sur sa main.

— Quoi, déjà levée? fait Félix en rentrant chez sa femme et la trouvant dans la position que nous venons de dépeindre. Tant mieux ajoute-t-il, au moins vous allez être à même Pauline, de me remetre tout de suite les objets dont nous sommes convenus hier au soir. Oh! soyz sans inquiétude aucune, ces cachemires, ces diamans, vous seront, ma chère, restitués dans peu... Hâtez-vous de grâce, l'affaire est pressente! termine le mari avec impatience, en voyant sa femme rester calme et immobile sans même daigner fixer les yeux sur lui.

— Pauline, ne m'avez-vous entendu? recommence Félix vivement.

— Parfaitement, monsieur, mais depuis la lecture de cette lettre que vous voyez à mes pieds, j'ai entièrement changé d'avis : Non, le prix de mes parures ne vous servira pas à payer celles que vous donnez à vos maîtresses, répond la jeune femme avec fermeté.

Alors Félix, rougit; il ramasse la lettre, jette un regard dessus, la reconnaît et sait d'où naît le dépit de sa femme.

— De quel droit vous permettre de lire les lettres qui me sont adressées ? fait-il d'une voix agitée par la colère.

— De quel droit prétendez-vous, monsieur me dépouiller pour votre maîtresse ?

— Une maîtresse ! en effet, mais ce caprice est depuis longtemps passé, j'ai eu tort, j'en conviens, mais n'en accusez que la tête et non le cœur ; puis, pensez Pauline à l'embarras où me placerait un plus long refus de votre part, que votre ame, oublieuse du mal, s'intéresse en ce moment à ma critique position...

— Non monsieur, cessez de vous humilier jusqu'à l'excuse, de descendre jusqu'à la prière, car je ne céderai pas.

— A mes ordres, cela sera tout différent j'espère ?

— Pas davantage, mes parures sont ma

propriété, personne n'a le droit d'en disposer sans ma volonté.

— Pauline ! prenez garde, n'excitez pas plus longtemps ma patience par un refus imprudent ; songez que je suis votre époux et maître, reprend Félix pâle et tremblant de fureur.

— Vos droits d'époux cessent, monsieur, où commence la tyrannie, je ne vous obéirai donc pas.

— C'est ce que nous allons voir, répond le mari en se dirigeant d'un pas vif et ferme vers le meuble qui renferme l'écrin de Pauline : ce que voyant cette dernière, fait qu'après s'être levée vivement elle se précipite aussi vers le meuble dont elle arrache la clé, en repoussant Félix de l'autre bras.

— Mais c'est affreux, monsieur, ce que vous voulez faire là, s'écrie-t-elle avec exaspération.

— Donnez-moi cette clé, madame ou!..

— Frappez monsieur, tuez-moi, quoi vous arrête?.. dit Pauline, avec fermeté en ce plaçant sous le poing que Félix vient de lever sur elle.

— Encore une fois je veux cette clé, obéissez! répond l'époux en saisissant les mains de la jeune femme qu'il torture lâchement afin d'en arracher la clé que Pauline, malgré une vive souffrance, retient de toute sa force. Lutte inégale, vaine résistance: Pauline vaincue par la douleur, la main brisée et sanglante voit la clé passer au pouvoir de Félix.

En vain essaie-t-elle de s'opposer à l'action de son époux qui, occupé d'ouvrir le tiroir, la repousse avec violence et l'envoie se meurtrir la tête sur la muraille puis rouler à terre où l'infortunée reste privée de connaissance.

— Un instant! à nous deux, mon cher gendre, fait entendre Pierre Renaud qui vient d'ouvrir la porte subitemente, et saute au cou de Félix qu'il presse d'un poignet vigoureux.

— Vous m'étranglez, murmure le jeune homme devenu violet en cherchant à se débarrasser de l'étreinte qui le suffoque.

Alors, Pierre Renaud le prenant en pitié, l'envoye, d'un mouvement brusque, rouler à travers la chambre, çà, afin d'aller à sa fille qu'il relève, qu'il place sur un fauteuil, à qui il prodigue mille soins en lui baisant le front, en examinant les blessures qui couvrent sa main, en étanchant avec un mouchoir le sang qui en découle, tout cela, pendant que Félix, à peine revenu de sa chûte, se relève honteux, en silence et les yeux remplis de l'expression d'une fureur timide.

— Mon doux gendre, voilà du sang qui vous coûtera bien cher, une conduite qui vous mènera loin, c'est moi qui vous le prédis.. En attendant et tandis que je soutiens votre femme, hâtez-vous de préparer un verre d'eau sucrée, de me passer un flacon de sel .. Allons vîte, car si ma fille n'ouvre la paupière d'ici à deux minutes, j'achève l'ouvrage que j'ai commencé, c'est-à-dire que je vous étrangle.

— Monsieur !! fait avec rage Félix.

— Silence! obéis fanfaron, répond Pierre Renaud en fixant sur le jeune homme un regard terrible auquel le coupable ne peut résister. Très bien ! elle renaît tu ne l'as pas tuée tout-à-fait misérable! Laissons-la donc reprendre seule et entièrement ses sens, puis causons ensemble durant ce temps. D'abord mon gendre, vous saurez que le hasard où plutôt une visite matinale que je venais faire à Pauline, m'a procuré le triste avantage d'entendre la scène que vous venez d'avoir avec votre femme, d'apprécier le bonheur vous la comblez. Ah! vous avez donc donné des diamans à une catin et vous voulez contraindre votre femme à les payer! Pas de çà! mon cher; or, commencez par restituer aussitôt l'écrin que vous venez de mettre dans votre poche, et cela, tout de suite!

— Je suis chez moi, monsieur, chez moi, où personne, ce me semble, n'a le droit de commander, ni de se mêler de mes querelles de ménage, répond Félix en feignant une audace qu'il est loin de ressentir, et en relevant fièrement la tête.

— Point de commentaires, mon cher gendre, rendez l'écrin à l'instant même, et sachez qu'un père, a, en tous lieux, le droit de défendre son enfant lorsqu'il la voit injustement opprimée.. Allons l'écrin, l'écrin! entendez-vous, mille tonnerres! termine Pierre Renaud d'une voix épouvantable, en adressant un geste menaçant à Félix qui obéit enfin et jette l'écrin sur un guéridon près duquel il est placé.

— Mon père! pitié pour lui, fait entendre Pauline que la voix de Pierre à tiré brusquement de l'anéantissement, et en croisant les mains d'une manière suppliante.

— Silence, petite! laisse-moi m'expliquer avec ce gaillard qui, à ce que je vois,n'a de courage que lorsqu'il s'agit de torturer une faible femme; puis s'adressant à Félix, Pierre Renaud continue ainsi : savez-vous monsieur de Viguerie, qu'il suffirait d'instruire votre estimable tante de votre conduite, de lui raconter les violences dont vous vous rendez lâchement coupable envers votre femme, pour vous faire perdre entièrement son amitié et vous faire déshériter.

— A votre profit sans doute, afin de mieux

vous assurer la fortune et la femme, répond Félix d'un air sardonique.

— Allons donc! ne faites pas le plaisant à vos dépens; et loin d'exciter ma rancune, je vous conseille mon cher, de réparer vos torts par une meilleure conduite envers votre épouse, à songer que la fortune de votre tante, la mienne, ne vous seront acquises qu'à cette seule condition; à songer aussi que, désillusionné sur votre compte, je me ferai désormais un devoir d'épier vos actions et de vous récompenser selon vos œuvres. Quant à certaine lettre de change pour laquelle vous êtes poursuivi en ce moment, je me charge de l'acquitter aujourd'hui même, à la condition que désormais vous n'en souscrirez pas d'autres, que vous renoncerez à faire des dettes, ce qui cependant, vous sera fort difficile d'après la force de l'habitude. Oh! oh! je vois à votre air, que vous ne me saviez pas aussi bien instruit, ajoute Pierre Renaud qui aperçoit la surprise empreinte sur les traits de Félix ; sachez donc qu'hier soir, comme je rentrais à l'hôtel, un maladroit huissier, me prenant sans doute pour le concierge, me remit certain commandement dont vous devez avoir pris connaissance.

— Mon père, excusez Félix, car ce n'était que pour acquitter sa dette qn'il souhaitait cet écrin que j'avais l'indignité de lui refuser.

— Et tu avais raison, ma foi! car avec un homme anssi prodigue, il n'y a plus de raisonpour que les sacrifices en finissent, ensuite, mon enfant, du caractère dont je te connais il faut que ta complaisance ait été furieusement poussée à bout, pour que tu te décides à autant tenir rigueur. Enfin, il y a sous jeu, j'en suis certain, quelque gaudriole qui te déplaît furieusement, que je ne te demande pas, mais que je saurai fort bien découvrir. Maintenant, monsieur mon gendre, dites, si ne vous brisant pas bras et jambes, pour avoir matyrisé mon enfant, si, en consentant à payer vos dettes, je suis un trop méchant diable.

— Croyez monsieur, que désormais...

— Assez, assez! pas d'excuses, pas d'humiliations, ce que j'en fait n'est que dans l'intérêt de ma fille et non pour vous que je voudrais savoir au diable. Maintenant, allez embrasser votre femme et faites en sorte de la rendre heureuse, où par la mort, il vous en cuira!

Pauline, sur ces paroles de son père, court vers son époux, l'entoure de ses bras, lui présente son visage sur lequel Félix dépose plusieurs baisers qui, s'ils ne sont sincères, en ont au moins l'apparence.

IV

UNE FACHEUSE RENCONTRE.

— Écoute, Coco, disait Pierre Renaud à son fils, le lendemain du jour où s'étaient passé les derniers événemens qu'on vient de lire, après avoir été trouver le jeune homme dans la chambrette qu'il occupait à l'hôtel et l'avoir happé au saut du lit.

—De quoi père, parlez, qu'exigez-vous de votre fils.

— Ta sœur est malheureuse en ménage mon enfant.

— Je sais cela de longue date , mon père, moi qui peu chiche d'écouter aux portes de mes amis, ai dix fois déjà, à travérs la sienne, entendu ma sœur pleurnicher à fendre le cœur.

— Et tu ne m'as jamais averti de ce qui ce passait, malheureux !

— A quoi bon, père, vous affliger par de facheux récits?

— A me dévoiler plutôt la conduite de ce Félix , m'aider à garantir ta sœur contre les mauvais traitemens dont il n'a cessé de la rendre victime jusqu'alors.

— Ah dam ! c'est que je ne suis pas capon,

voyez-vous, père, et puis les affaires de ménage on dit qu'il ne faut jamais y mettre le doigt; ah dam! si j'étais plus grand plus solide, je me chargerais bien de corriger mon cher beau frère, de lui repasser la jambe afin de l'engager à devenir meilleur mari, mais bernic! vu que je ne suis encore qu'un moutard qu'il exbignerait d'une calotte.

— Coco, il faut suivre Félix, me rendre compte de ses démarches; cet homme à une maîtresse pour laquelle il ruine ta sœur; sache donc découvrir la demeure de cette femme en t'attachant, le soir surtout, aux pas de l'époux de Pauline, puis viens m'instruire de ce que tu auras découvert.

— Vilain métier, père, que celui d'espion; enfin, suffit! comme il s'agit du repos, du bonheur de ma petite sœur, j'accepte le dit emploi quand même! A propos père, reprend

Coco tout en s'habillant, vous allez donc vous marier, épouser la très chère tante?

— Dans quinze jours je serai l'époux de cette dame. Mais pourquoi cette question, enfant?

— Oh! pour rien, seulement parce que ce mariage me convient, que la mariée à des écus, qu'elle est bonne femme et qu'en qualité de belle et bonne mère elle repassera du quibus, à son beau fils, qu'alors je deviendrai un jeune homme du bon genre, un fashionable à gants jaunes, comme ils disent. Oh! cette chance, comme je vais faire ma tête! termine avec joie le jeune homme en faisant un saut dans la chambre.

— Allons, allons, gamin, avant tout tâche de bien remplir et au plutôt la mission dont je viens de te charger, et surtout, prends garde de commettre quelque sottise qui éveilleraient la méfiance de ce Viguerie.

— Pas si bête ! comptez sur mon adresse à bien remplir la mission.

Deux heures après ce court entretien entre le père et le fils, tous les habitans de l'hôtel Ganoche étaient réunis au couvert car l'heure du déjeuner avait sonné, Pierre Renaud, placé à côté de la tante affectait déjà les manières d'un maître de maison, ordonnait, censurait. Félix silencieux, la contrainte, le dépit empreints sur les traits, d'un regard furtif épiait la conduite de son beau père dont l'aplomb impertinent redoublait encore la haine que cet homme lui inspirait.

Pauline, souffrante et craintive, osait à peine lever les yeux dans la crainte de rencontrer ceux de Félix qui, depuis la scène de la veille, ne lui avait encore adressé la parole. Quand à Coco, son unique occcupation était en ce moment de festoyer du plus excellent appétit, l'énorme pyramide de comestibles que la prévoyante madame Ganoche empilait sur son assiette et qu'elle s'empressait joyeusement de renouveller selon le caprice du gamin.

— Ah! çà, qu'avez-vous donc tous à garder le silence? Vous m'avez l'air gais ni plus ni moins qu'un bonnet de coton, dit madame Ganoche en s'adressant à son neveu ainsi qu'à Pauline et cessant brusquement d'écouter Pierre Renaud qui, en ce moment, lui parlait bas à l'oreille, puis voyant qu'aucun des jeunes gens ne répondaient à sa question, la dame de reprendre ainsi : Cependant il faut se disposer à plus de gaîté, surtout aux abords d'une noce, car vous saurez mes enfans que Pierre Renaud et moi, nous nous marions décidément dans quinze jours; préparez donc vos félicitations et vos jambes en ce que je veux qu'on danse à ma troisième noce, ni plus ni moins qu'on dansa à ma première, lorsque j'épousai ce brave Denis, dit Fleur-d'Amour.... Oh ! monsieur mon neveu, il me semble que vous faites la grimace, est-ce que, par hasard, cette union nouvelle ne serait pas de votre goût ? Ce serait dommage, mais c'est tout de même, en ce que je suis la maîtresse de mes actions comme de ma fortune.

— Aussi suis-je loin de m'opposer à vos volontés, répond sèchement Félix en se levant de table.

—Et tu fais bien d'agir ainsi dans tes intérêts. Oh ! sois tranquille, conduis-toi bien et ce mariage ne portera nul préjudice à ton avenir ; mais vois-tu Félix, comme je n'ai jamais trouvé en toi un bon neveu, un garçon complaisant, ni une société aimable ; que sans cesse tu m'abandonnes pour courir la pretentaine, il est juste que je me donne un ami, un compagnon avec le quel je puisse causer près de mon feu et faire ma partie, en ce qu'il est fort embêtant d'être toujours seule. Je crois donc faire un bon choix en prenant Pierre Renaud, un brave et honnête homme, tout rond, tout sans façon, comme il le faut à une femme telle que moi dont tout l'esprit, les qualités consistent dans un bon cœur et quelques écus. Ensuite mieux vaut lui qu'un autre puisqu'il est déjà de la famille en qualité de ton beau père et que les intérêts de sa fille sont les tiens... Eh bien! à qui parlé-je, pourquoi restes-tu ainsi sans daigner me répondre, planté devant cette fenêtre? reprend avec humeur madame Ganoche voyant son neveu, porter peu d'attention à ses paroles. Écoute Félix, ajoute-t-elle d'un ton colère, si tu n'es pas content, tu es libre, garçon, la dot que je t'ai donné, celle de ta femme te forment un assez joli avoir pour que tu puisses t'affranchir de mes caprices.

Maître à toi, d'aller planter ton gîte hors de mon hôtel; de cette façon vois-tu, chacun de nous vivra à sa guise.

— Ma tante, par grâce ne vous fâchez pas! dit Pauline d'une voix suppliante.

— Ma nièce, t'es une bonne fille à qui je souhaiterais un mari moins sournois; mais enfin puisque tu l'a voulu comme çà, conseille-lui donc de ne jamais se permettre de blâmer mes actions, et surtout, de faire en sorte de te rendre à peu près heureuse ou, foi de Geneviève Pinchon, veuve Ganoche, je biffe, sans, miséricorde, son nom de dessus mon testament.

— Allons, chère dame, ne nous fachons pas, excusez en votre neveu un mouvement d'humeur involontaire, que lui inspire la crainte de trouver en moi un usurpateur de l'amitié que vous lui avez témoignée jusqu'alors; mais qu'il se rassure, car les droits de l'époux de ma fille, seront toujours sacrés pour moi. Ainsi donc, que Félix bon époux, bon ami ne vois en Pierre Renaud qu'un ami sincère et tout dévoué à son bonheur, à ses intérêts les plus chers.

—Eh bien! tu l'entends, garçon, ce qu'il dit est vrai, qu'as-tu donc pour te plaindre et nous faire ainsi la grimace?

— Aussi je ne me plains plus, ma chère tante, du moment que monsieur m'assure que son union avec vous, n'altérera en rien la tendresse que vous me témoignez et de laquelle je suis jaloux par dessus tout, répond Félix en s'efforçant de sourire et s'approchant de sa tante, dont il saisit la main qu'il porte sur ses lèvres.

— A la bonne heure! voilà ce que je veux que tu sois, bon enfant et loyal; embrasse-moi garçon, et que la paix règne parmi nous.

Et la dame d'appliquer deux gros baisers sur les joues de son neveu, autant sur celles de Pauline qui, joyeuse de cette réconciliation est venue réclamer sa part des caresses.

— A çà , et ce gaillard-là, n'allons-nous le placer bientôt dans un collége, car je veux un beau-fils savant, moi, reprend madame Ganoche, en indiquant Coco.

— Tiens! est-ce qu'on a besoin d'être savant pour devenir notaire?

— Un peu d'éducation est toujours utile, mon enfant, répond Pierre Renaud à la demande de son fils.

— Eh bien! va pour le collége, pourvu qu'on y soit mieux nourri et moins battu que chez les maîtres bijoutiers, dit Coco en quittant la table.

Le déjeuner s'étant terminé, sous le prétexte d'aller remplir les formalités que nécessitait leur prochaine union, Pierre Renaud prit congé de madame Ganoche, et se dirigea vers la mairie où l'appelaient ses affaires.

Eh ! bonjour, Michel, dit Pierre en présentant une main amicale au garde municipal à cheval qui en même temps que lui et porteur d'une dépêche pour la mairie, entrait dans la maison de ville.

— Salut, monsieur Pierre Renaud, répond le militaire avec empressement en sautant à bas de son cheval et saisissant avec cordialité la main du père de Pauline.

— On ne vous voit plus Michel, la bonne vieille Germain se plaint fort de votre absence, de ce que vous l'abandonnez, que devenez-vous donc mon jeune ami ?

—Mon devoir, monsieur, captive tout mon temps.

—Et moi, je dis, que ce qui rend vos visites aussi rares c'est qu'il n'y a plus chez la dame Germain, certaine fillette que vous aimiez tant à y voir, dont la présence était une attraction irrésistible.

— Oui, vous avez raison, monsieur, maintenant, j'ose à peine me présenter dans des lieux vides de tout ce qui m'est cher, de l'objet de mes éternels regrets, de ces lieux où tout me rappelle Pauline, répond Michel avec tristesse.

— Quoi, vous pensez encore à elle, mon cher ami, toujours vous regrettez sa perte?

— Toujours, monsieur,

— Pauvre garçon! ah! que n'est-elle votre femme, combien j'aurais moins à trembler sur son sort à venir! fait Pierre Renaud en soupirant.

— Permettez, monsieur Pierre, que je vous quitte un instant afin d'aller remettre dans ces bureaux les dépêches que voici et que leur l'importance à fait confier à mes soins, dit Michel après un instant de silence.

—Faites, mon brave ami, aussi bien, moi de même j'ai affaire là dedans,mais comme je désire causer encore avec vous, veuillez ne pas vous éloigner et m'attendre un instant dans cette cour, si vous sortez le premier.

Rendez-vous pris, Pierre Renaud se dirige d'un côté opposé à celui vers le quel marche Michel et au moment de pénétrer dans les bureaux il sent une main se poser sur son bras, Pierre alors de lève les yeux puis pâlit et recule de quelques pas.

— Toi ici, que veux-tu, pourquoi m'accostes-tu misérable?

— Je savons que j'avons tort, père Brisetout, qu'en agissant ainsi, je violons la consigne, mais c'est que j'avons deux mots à vous dire, v'là pourquoi j'avons aussi attendu que vous quittissiez le municipal avec qui que vous parlissiez tout-à-l'heure, père Brisetout.

— Va-t-en misérable, je n'ai rien à entendre de toi, je ne te connais pas! reprend Pierre Renaud de l'accent de la plus vive frayeur en cherchant à s'éloigner de l'interlocuteur importun.

— Et moi, il falissont absolument que je causissions un instant avec vous père Brisetout, car j'avons faim, pas le sou en poche et, foi de Lessoufflé, une fameuse grinche à vous proposer.

—Tais-toi donc misérable! ne remarques-tu qu'on peut t'entendre, reprend Pierre Renaud en poussant Lessoufflé hors du corridor et l'entraînant dans la cour. Tu as faim? tiens prends cette pièce d'or, va-t'en et ne me reparle jamais.

— Oh! il y a gras cheux vous père Brisetout, à ce qu'il y paraissons, dit le voleur en admirant la pièce de vingt francs que Pierre Renaud, dit Brise-tout, vient de lui glisser dans la main.

— Non, je suis pauvre, cette pièce était ma dernière ressource et je te la donne. Adieu.

— Un moment, est-ce qu'on se quitte ainsi entre bons grincheurs? reprend Lessouflé en retenant Pierre par son habit.

— Mais qu'exiges-tu donc encore de moi, bourreau? fait ce dernier avec impatience.

— Vous dire, père Brise-tout, que je n'ajoutons pas foi dutout à la panne ous que vous prétendez être enfoncé, en ce que forcé par état, de battre nuit et jour le pavé de Paris, je vous avons aperçu plus d'une fois vous dorlotant dans une belle voiture bourgeoise assis à côté d'une femme choïtement parée, madame votre épouse, ou votre amante peut-être? mais le titre est égal et m'importissons fort peu...

— Tu rêves, ce n'était pas moi!

— Faites excuse, père Bris-tout, car m'étant élancé derrière ledit équipage, je me sommes, à ma grande surprise, vu moëlleusement entraîné jusqu'à la porte de certain hôtel de la rue d'Astorg, ous qu'une nuit nous fîmes un si fameux coup, coup superbe, dont je regrettissons toujours le riche profit? ce n'est pas tout, c'est qu'après informations prises, je sûmes, père Brise-tout, que vous habitissiez c'te maison dont vot' fille, que j'n'avons pas l'honneur de connaître, étions la femme du propriétaire.

— Tu es fou! exclame Pierre Renaud tremblant.

Or! nous sommes dis-je, plein de surprise et de douleur, maintenant que père Brise-tout est un homme calé, quoi que j'allons devenir? qui qui va t'être notre chef? qui qui nous indiquera la bonne ouvrage en nous répondant du succès? plus personne! ainsi donc, enfoncé Lessoufflé!

— Assez! assez bavard! oui, tu as bien pensé, car désormais plus de crimes, de vols, mais le repentir! l'honneur! une conduite enfin qui rachète, s'il se peut, le passé! mais suis-moi, sortons de cette cour car j'entends raisonner les pas d'un homme qui ne doit pas me voir avec toi...

— Ah! oui, le municipal, fi donc! père Brise-tout, est-ce qu'un homme comme vous devrions connaître pareille canaille?

— Mais viens-donc, misérable, s'écrie Pierre Renaud hors de lui, et qui vient d'apercevoir Michel descendre le perron en entraînant Lessoufflé hors de la mairie et dans une rue détournée. Comme je te le disais, Lessoufflé, j'ai renoncé à notre coupable et dangereux état, pour me faire le factotum d'une personne riche, afin de gagner ma vie honnêtement, reprend Pierre Renaud, se voyant à l'abri des regards de Michel et dans un lieu presque désert, imite-moi Lessoufflé, renonce au crime, travaille et le bonheur deviendra ton partage...

— Travaille, travaille, ça vous étions facile à dire, à vous, gros richard ; quant à moi, j'avons ça en abomination, vive la grinche et la liberté.

— Malheureux ! songe au sort réservé au voleur ; la honte, la flétrissure, les galères !

— Cela étions vrai père Brise-tout, aussi voulons-je nous corriger, devenir honnête homme sitôt que j'aurons fait un bon coup, qui me procurera l'avantage de vivre à rien faire le reste de not vie, mais en attendant c'te première occasion, père Brise-tout, comme y faut vivre, j'avons l'envie de nous faire mouchard, qu'en disez-vous ?

— Misérable! afin de dénoncer les complices de tes crimes, sans doute!...

— Jamais! vous surtout capitaine, sur l'adresse de qui je contissons pour certain coup que je méditons extra-muros.

— Tu as grand tort, car je ne te seconderai pas.

—Quoi, quand même il s'agirait de faire sans nul danger une pelotte conséquente, en dévalisant la demeure de certaine petite particulière toute reluisante de diamans?

—Non, te dis-je! répond Pierre-Renaud d'une voix ferme.

— Capitaine! prenez garde, si votre refus me force de me faire mouchard, je vous prévenons que j'en remplirons les fonctions avec intégrité; alors, gare les dénonciations.

—Misérable, malgré ton serment, oserais-tu bien me dénoncer!... s'écrie Pierre Renaud avec effroi.

— Un serment, j'en ai trente-six, j'sommes comme les gens de la cour, les grands seigneurs.

— Mais ne crains-tu ma vengeance?

— Bah! une fois coffré vous me serez plus dangereux.

— Mais enfin, qu'exiges-tu donc de moi, imfâme coquin?

— Peu de chose, seulement que vous me repassisiez de temps en temps la pièce afin que je soyons à même de soutenir ma frêle existence; puis qu'aussitôt que le coup que je méditons sera bon à faire, que vous m'aidissiez, capitaine, à l'exécuter.

— Ne peux-tu donc l'exécuter sans moi et garder pour toi seul tout ce qui t'en reviendra?

— J'y avons pensé, père Brise-tout, et

je ne demandrions pas mieux, mais je n'sommes ni adroit, ni très brave et j'avons peur de commettre queuques boulettes.

— Et si je refuse d'être ton complice ?...

— Je suis les conseils que me dictons la misère, la nécessité, je vous dénonçons comme chef de notre bande depuis six années.

— Malheureux ! mais tu te perds avec moi...

— Oh ! que non ; une dénonciation anonyme.

— Lessoufflé, tu es un faux frère, un infâme scélérat !

— Vous disez donc, cher capitaine que vous consentissez, alors, une croix blanche imprimée sur la porte de l'hôtel de votre fille madame de Viguerie, vous indiquera de se trouver le soir même à onze heures, sur la place Louis XV.

— J'y serai ! laisse échapper Pierre Renaud anéanti et terrifié en poussant un douloureux soupir; puis quittant, brusquement Lessoufflé, il se jeta dans la première rue qui se présenta à lui et qui le conduisit aux Champs-Élysés.

— Perdu! perdu! mes enfans déshonorés, prêts à me maudire! oh! mon Dieu! voilà donc le commencement de la punition que vous réserviez au malfaiteur. Hélas! si le repentir, si pour l'avenir, l'assurance d'une conduite irréprochable pouvaient désarmer votre justice, mon Dieu! que je serais heureux! Pitié, pitié, pour mes pauvres enfans!..... Désormais! plus de repos, sans cesse à la merci, au caprice d'un sélerat; pour perspective... le tabouret, les bagnes! les bagnes, séjour affreux où déjà s'écoulèrent pour moi de longues et douloureuses années!... C'est affreux! affreux!.. Oh! ma fille, mon Octave! si vous étiez heureux je n'hésiterais pas à vous débarrasser de la honte d'un tel père, la mort serait alors un bienfait pour moi; mais hélas! j'ai besoin pour vous assurer un heureux avenir, de quelques jours encore et l'on m'impose un crime pour me les accorder!... Lessoufflé! infâme coquin. Ah! malheur à toi, car tu pourras trouver un bourreau où tu cherches un complice... Oui, du sang, du sang s'il le faut pour dérober la connaissance du passé, pour cacher à mes enfans ce que fut leur coupable père!... Et toi ma compagne infortunée, mère de ma Pauline, de mon fils, dont la vertu ne put survivre au déshonneur, toi qui te donna la mort, je t'aime encore, le jour où la justice condamna ton époux aux galères, après te l'avoir dénoncé comme voleur et faussaire; toi, dont j'ai pleuré la perte et l'amour, implore dans les cieux un Dieu de miséricorde; implore-le pour tes enfans et non pour moi, qui veut, qui doit mourir!...

Ainsi murmurait Pierre Renaud en longeant d'un pas rapide les avenues des Champs Élysés, en se meurtrissant la poitrine de ses mains crispées, et le visage empreint de la pâleur de la mort.

V

L'ESPION.

Coco, fidèle aux recommandations de son père, n'avait point quitté l'hôtel de la journée; sans cesse aux aguets sur les pas et démarches de Félix, le jeune homme voyant, vers la huitième heure du soir, son beau-frère se disposer à faire sa première sortie de la journée, Coco, donc s'empressa de prendre les devants en allant se mettre en embuscade à quelque distance de l'hôtel.

Un quart-d'heure d'attente et, Coco qui voit sortir le cabriolet de Félix, coure après s'élance et grimpe derrière en ayant soin d'éviter tout mouvement qui pourrait trahir sa présence.

Le cabriolet se dirige vers les Champs-Élysés, les traverse avec rapidité, puis gagne la route du bord de l'eau, Passy et arrive à Auteuil où il va s'arrêter à la porte de Julia la danseuse, laquelle porte ouvre ses deux battans pour le recevoir et se referme aussitôt sur lui. Coco, afin d'éviter d'être aperçu du concierge-jardinier, lors de l'ouverture de la porte, a quitté le siége du groom pour le pavé de la rue où en ce moment il se trouve seul et fort désappointé, car la porte close, lui interdit l'entrée de cette maison où il ne lui suffit pas de savoir la présence de Félix, mais bien de connaître chez qui est en ce moment ce dernier, ce qu'il vient faire en cette demeure champêtre.

— Décidément cela serait par trop bête d'échouer ainsi au port, de n'avoir rien autre à raconter au père que cette promenade insignifiante; oui, il faut absolument que je pénètre dans cette maison, que je sache ce qui y attire le beau-frère, qui certainement n'y vient pas à pareille heure pour le roi de Prusse.

Et cela disant, Coco longeait en l'examinant le mur qui séparait le jardin de la rue.

— Bon! une brêche, voilà mon affaire, tant pire pour ma culotte.

Cela dit Coco gravit la muraille, atteint le faîte, puis se laisse glisser dans le jardin où il tombe au milieu d'un massif d'arbrisseaux dont les branches lui cinglent et dechirent le visage. N'importe! notre gamin après avoir, d'un regard, percé l'obscurité, s'être tâté et essuyé la figure, enfile une allée de tilleuls, puis pénètre dans un parterre de fleurs où un bruit de voix vient tinter à son oreille.

—Il y a du monde ici; attention, se dit Coco en se courbant et avançant doucement.

C'était par une tiède et belle soirée d'août que, deux personnes assises l'une près de l'autre sur un banc de jardin et sous un ciel de feuillage, causaient ensemble, ce fut derrière ce même banc, que Coco, guidé par le son de la voix vint de se glisser sans bruit; que, caché par des touffes de lilas et de seringas il écouta et retint l'entretien suivant.

—Non, en vérité, je doute parfois de ton amour pour moi, Julia, ta coquetterie me désespère, plus, cette troupe d'adorateurs dont chaque soir je te vois entourée au théâtre, me glace d'effroi et de crainte ; oh ! ce serait bien mal à toi belle sylphide, si, prêtant l'oreille aux galans discours de ces jeunes dandys, tu allais trahir la foi jurée et me ravir ta constance.

— Franchement mon cher de Viguerie, je ne connais rien de plus insupportable qu'un amant soupçonneux et jaloux, sans cesse ingénieux à se tourmenter, à tourmenter celle qu'il dit aimer. Quoi ! parce que vous êtes l'amant de mon choix, me faut-il renoncer au plus doux privilége de mon sexe, à celui de plaire, d'être courtisée, à m'entendre dire et répéter cent fois en une heure que je suis jolie ? Non, mille fois non ; je ne m'en sens pas le courage, et mon amitié pour vons ne peut aller jusqu'a cette abnégation.

— Et cependant, mon amour, les sacrifices que je n'ai cessé de faire pour toi, Julia, me donnent, je pense, le droit d'exiger de ta part quelques ménagemens en faveur de mon humeur jalouse.

— Vous avez une jeune épouse, belle, dit-on, et de plus vertueuse; digne en tout de captiver votre amour et votre constance, de qui je devrais être aussi jalouse; et cependant m'entendez vous me plaindre des caresses, des soins qu'elle vous inspire, que vous lui prodiguez.

— Il y aurait folie, car cette femme je la souffre, mais ne l'aime pas; d'ailleurs, qui le sait mieux que toi, enchanteresse, répond Félix en enlaçant Julia de ses bras, en lui prenant un baiser.

— Cependant, j'ai le droit de douter de la sincérité de cet attachement que vous proclamez si haut et si fort, reprend la danseuse en essayant à se débarrasser doucement de l'étreinte de Félix.

— Est-il bien possible! et quoi donc, ma belle, te fait douter de ma passion?

— Votre refus d'il y a huit jours, celui d'ajouter une agraffe à la parure de diamans que vous m'avez donnée.

— Je n'ai point refusé ce don mais bien demandé quelques jours pour en faire l'acquisition.

— Pourquoi ce retard? Tenez Félix avouez franchement que votre générosité surpasse vos moyens, que l'état de votre fortune vous permet peu de satisfaire les caprices d'une femme que les offres brillantes et réitérées de nos banquiers, de nos riches diplomates rendent quelques fois exigeante.

— Voilà qui est impertinent; qui, soit dit en passant, frise même l'ingratitude, et lorsque d'un don de plus de trente mille francs, j'ai déja payé tes caresses, je cherche quoi peut te faire douter de ma générosité ou de mon peu de fortune, dit Félix avec l'accent du dépit.

— Quoi? ce retard apporté par vous dans le payement de cette lettre de change que vous souscrivîtes à certaine revendeuse à la toilette pour prix des diamans dont vous me fîtes présent, retard coupable, ridicule, qui me valut la visite d'un ignoble huissier. En vérité, Félix, ajoute la danseuse d'un ton ironique, je ne puis concevoir comment un homme qui prend pour maîtresse une danseuse de l'opéra ne peut, en sa faveur, disposer à l'instant de quelques misérables mille francs sans avoir recours au papier timbré.

—Ma belle! non seulement je t'aime, mais avec toi j'aime encore le jeu, le luxe et la bombance, en voila j'espère assez pour faire ressentir parfois la gêne à l'homme le plus riche, mais ce que je ne puis souffrir, c'est qu'une femme, dont on paie au poids de l'or les caresses, fasse preuve d'ingratitude et de cupidité, répond Félix avec humeur, fermeté, en se levant brusquement.

— Allons, ne nous fâchons pas, et loin de m'en vouloir, aimez encore plus celle qui vous accorde la préférence sur tant d'autres qui, chaque jour mettent à ses pieds, en échange d'un peu d'amour, leur cœur et leur fortune, dit Julia avec un doux accent en retenant Félix et le forçant de se r'asseoir.

— Syrène, je devrais te garder rancune, mais le moyen, tu es si belle? Cela disant Félix d'entourer de son bras la taille de la jolie femme qu'il attire vers lui, à qui il prodigue mille amoureuses caresses auxquelles Julia se prête avec docilité, qu'elle rend même à l'unisson.

Et Coco, toujours aux écoutes, de ne plus entendre durant quelques instans que le bruit des baisers, celni de tendres et voluptueux soupirs.

— Excusez, ne vous gênez pas! Ah! c'est comme ça qu'on si prend pour faire l'amour? c'est bon à savoir... Pas mal, pas mal! Ah! chien! si ma sœur voyait celà! Pauvre fille!

— Julia! Julia! que ne suis-je libre, pourquoi suis-je marié? qu'il me serait doux de passer ma vie dans tes bras, fait entendre l'amant avec enthousiasme.

— Félix, que je serais heureuse d'avoir mon agraffe afin de m'en parer dans le nouveau ballet, où un pas des plus gracieux doit demain soir m'attirer mille bravos. Tu viendras me voir danser n'est-ce pas?

— Je n'aurai garde d'y manquer mon adorable, répond Félix en donnant de nouvelles caresses.

— Et j'aurai mon agraffe.

— Et tu auras ton agraffe, répond l'amant après un instant d'hésitation.

— Je pense alors, qu'il est utile que tu revoies mon collier et ma croix afin de te rappeler leur monture et de rassortir le plus possible.

—Voyons donc ce collier, dit Félix en quittant, ainsi que Julia, la place qu'ils occupaient pour se diriger ensemble vers la maison où Coco les suit dans l'ombre, et à quelque distance de la quelle il s'arrête en voyant paraître sur le perron une femme de chambre qui, une lumière à la main, vient éclairer sa maîtresse.

— Halte-là ! j'en sais assez, inutile d'aller plus loin et de risquer de se faire pincer..... Cependant, je serais curieux de voir ces diamans, cet échantillon de la munificence du cher beau frère... Ah ! bah ! il y a mieux que cela à faire en ce jardin où les fruits ne peuvent manquer aux arbres.

Ce soliloque terminé, Coco, s'éloigne en silence, dirige ses pas vers le potager que lui indique la clarté de la lune, puis se trouvant bientôt au sein de l'abondance, notre jeune gaillard fait main basse sur les pêches, les poires et autres fruits; puis, l'estomac garni, de fourrer aussi ses poches, sa casquette et songeant à la retraite il se dirige vers l'endroit qui lui facilita l'entrée du jardin, mais de se sentir cruellement arrêté dans sa fuite par un coup de fusil qui, laché sur lui, crible son postérieur de force grains de sel.

— Ah! chien de maraudeur c'est donc toi qui venons chaque soir voler nos fruits, crie la voix du jardinier, dont Coco en fuyant sent les pas sur ses talons.

En ce critique moment, c'est en vain que

le gamin essaie à retrouver la brèche, impossible! C'est donc dans un épais fourré qu'il cherche un refuge, qu'il se blottit tremblant, où il entend l'implacable jardinier le chercher en frappant de droite et de gauche avec la crosse de son fusil. Qu'il fasse encore un pas et Coco est découvert, assommé peut-être ; ce que voyant, fait que le jeune homme prenant son courage à deux mains, s'élance sur le jardinier, le renverse, lui assène quelques coups de poing et s'enfuit ensuite la tête perdue vers la maison où il se précipite : où, entendant le jardinier sur ses traces et crier au voleur, il s'élance sur l'escalier contre la rampe duquel il vient de se faire une bosse au front; qu'il le franchit avec rapidité et que, parvenu au premier étage, il se jette dans Julia et la femme de chambre que le coup de fusil et les cris du jardinier ont mis en alerte.

— Sauvez-moi, madame, sauvez-moi de la fureur d'un brutal qui veut m'assommer, s'écrie Coco en se jetant aux pieds de la danseuse, qui d'abord recule épouvantée et reconnaissant un enfant dans le malfaiteur se rassure et donne cours à un long éclat de rire.

—Tenez-le bien, j'allons l'houspiller d'importance, ce voleur, fait entendre le jardinier qui grimpe l'escalier quatre à quatre.

Alors Coco, se réfugie dans les jupes de Julia et s'en fait un rempart.

— Non, Jérôme, laissez cet enfant et retirez-vous, c'est moi qui se charge de le punir.

Cela dit, la jolie femme entraîne le gamin dans un petit salon, et là, assise, le sourire de l'indulgence sur les lèvres interroge le coupable placé debout, et de l'air le plus piteux, devant elle.

— Qui êtes-vous, monsieur, vous dont le physique, la mise annoncent un jeune homme au dessus de la classe cummune et qui, oubliant l'honneur, la probité, osez vous permettre de pénétrer chez moi et de voler mes fruits?

— Ma foi! madame, je suis un vrai gamin, un mauvais sujet à qui le bas des reins fait furieusement de mal en ce moment. Ah! chien de jardinier va! que le diable soit de ton coup de fusil, je souffre comme un damné! fait Coco pour toute réponse en se frottant le derrière.

—Quoi, seriez-vous blessé? s'informe Julia avec inquiétude.

— Un peu, que je dis, j'ai pour le moins mille balles dans le... le bas des reins.

— Mariette, il faut voir cela, ce brutal de Jérôme à peut-être estropié cet enfant, dit vivement la danseuse à sa femme de chambre.

— Il n'y a nul danger, mademoiselle, le fusil n'était chargé qu'avec du sel, répond la chambrière.

— Sapristi! c'est donc çà, que çà me cuit si fort, dit Coco, en se frottant de nouveau.

—Asseyez-vous,mauvais sujet,et répondez à mes question,

—M'asseoir, merci, je viens d'en prendre. Ah bien oui! quand j'ai le derrière en capilotade. Au surplus! que voulez-vous que je réponde aux dites questions, si ce n'est que je suis un bon enfant, grand amateur de fruit et de farces, ce qui m'a poussé, à tort il est vrai, à pénétrer dans votre jardin afin de m'y régaler à vos dépens,ce dont,madame, je vous demande mille excuses avec promesse de ne plus recommencer à l'avenir, aussi vrai que vous êtes la plus jolie dame que j'aie vu de ma vie.

Julia sourit au compliment de Coco, dont le babil, la figure l'intéressent, puis essayant à prendre un air sérieux et imposant :

—C'est très bien tout cela, monsieur; mais avant de vous accorder la liberté, je dois savoir qui vous êtes, or donc! quel est votre nom?

— Hum! fait Coco en se grattant la tête avec la main qui n'est point occupée plus bas.

— Allons, répondez : votre nom?

—Fichtre! que ça me cuit donc.

— Votre nom, entendez-vous? reprend Julia avec impatience.

— Coco!

— Mais ce ne peut-être là votre nom de famille.

— Certainement que non, mais si vous vouliez être envers moi, aussi indugente que vous êtes belle, vous ne me forceriez pas, madame, à vous dire qui je suis et vous accorderiez grâce pleine et entière, à celui qui de ce bienfait conservera une éternelle reconnaissance.

—C'est en vain, que pour éviter une partie de la honte que mérite votre coupable conduite, vous cherchez à rester inconnu ; nommez-vous, monsieur, où je vous livre à l'instant à mon jardinier, qui se fera bonne justice.

— Eh bien ! madame, puisque vous le voulez absolument, je me nomme Octave de Saint-Léon. Oh ! là là ! comme çà me cuit donc.

— Où demeurez-vous?

— Ah ! il faut encore vous dire çà ?

— Certainement.

— Absolument?

— Absolument, fait Julia.

— Rue Lafitte, hôtel Roschild, répond effrontément Coco.

— Vos parens que sont-ils?

— Ah ce qu'ils sont?.. Dam!.. rentiers..

— Fort bien! fils de bonne famille; il est mal, très mal à vous, monsieur de Saint-Léon, de descendre par des bassesses au dessous des enfans de la classe commune, j'espère que la leçon que vous recevez ce soir est assez forte pour vous rappeler à l'honneur, à la sagesse.

— Oh! certainement madame, je jure par vos beaux yeux de ne jamais plus déroger du droit chemin. Maintenant, si vous n'avez plus rien à me dire, veuillez me permettre de m'en aller?

— Non pas, il faut avant de partir que

votre blessure soit pansée, et que vous soupiez avec moi.

— Merci, mon valet de chambre me pansera chez moi ; quand à souper, je n'ai nullement appétit, ainsi madame, permettez que je prenne congé de vous en emportant la permission de venir vous réitérer mes excuses un de ces jours.

— Mais il est fort tard et vous ne pouvez regagner seul Paris, je vais donc donner ordre à mon jardinier de vous accompagner. de vous remettre à vos parens.

— Ce brutal avec moi? Merci de la conduite, je préfère m'en aller seul.

— Cela ne sera pas mon cher petit monsieur, car non seulement votre sûreté, la prudence me prescrivent d'en agir ainsi, mais en plus c'est que je suis curieuse de m'assurer si vous êtes véritablement ce que vous dites être.

Cela disant, Julia sonne sa femme de chambre, à qui elle demande le souper à l'instant même, plus de dire au jardinier qu'il se tienne prêt dans une demi-heure à reconduire monsieur de Saint-Léon à Paris.

Coco, forcé de faire contre fortune bon cœur, se met à table avec assez de grâce, et malgré la vive douleur que lui causent les grains de sel dont est criblé son derrière, il n'en fait pas moins assez bonne contenance. Des mets excellens, des vins exquis mettent bientôt Coco en bonne humeur, et puis Julia est si belle, si engageante, elle le sert avec tant de grâce, de bonté, avec un sourire si radieux, que le jeune homme oubliant la position critique dans laquelle il se trouve, chassant bien loin de lui la timidité, tout en parlant, ose s'emparer de la main de Julia et la porter à ses lèvres.

— Que faites vous donc-là? monsieur, dit

la danseuse en souriant, mais n'opposant nulle résistance à l'action du jeune homme.

— Pardon, pardon madame, mais c'est si beau une femme que je ne puis m'empêcher de l'adorer, répond Coco dans l'ivresse et toujours maître de la main qu'il baise avec transport.

— Allons, finissez enfant, et goûtez de cette gelée d'ananas.

— Enfant ! j'ai quinze ans, madame.

— Oh ? le grand âge.

— Suffisant, pour apprécier ce qui est beau, admirable et l'adorer.

— Mais voyez donc cet amoureux en herbe, dit Julia en riant et relevant de la main le menton de Coco qui profite de ce que le visage de la danseuse est penché vers le sien pour lui dérober un baiser.

— Et bien! monsieur d'où vous vient cette

audace?Quoi ! gourmand, effronté et libertin, voilà trois bien vilains défauts que vous avez là.

— A vous la faute, madame, dont les fruits ont engendré le premier, dont la beauté excite en moi les deux autres. Ah! c'est que près de vous je ne sais plus ce que je fais, ce que je veux : mille désirs brûlans, tendres, se croisent dans ma tête, dans mon cœur; enfin madame, en vous voyant si belle, si adorable, je perds la raison, je... je ne sais plus ce que je dis, termine Coco, avec un comique embarras et tout en pressant avec enthousiasme le bras de Julia qu'il appuie sur son cœur.

— Monsieur Coco vous êtes un extravagant.

— De grâce, madame, appelez-moi Octave, car je sens que j'ai trop grandi près de votre charmante personne, depuis un instant, pour supporter plus longtemps ce nom enfantin.

— Eh bien, monsieur Octave, comme il se fait tard, que vos parens pourraient s'inquiéter de votre longue absence, il faut vous mettre en route, le jardinier est en bas qui vous attend.

— Quoi, vous me renvoyez déja madame?

— Oui, car il est onze heures passées, mais avec permission de me faire quelquefois visite.

— Oh! bonheur! vous permettez, madame?

— Certainement, mais dans l'intention de vous convertir à la raison, à la sagesse, ce dont je me charge, si je trouve en vous un disciple soumis.

— C'est à vos pieds, madame, que je veux écouter et recevoir ces adorables leçons...

— Et si vous profitez, si le maître est satisfait, il donnera en récompense à l'enfant, de ces bons fruits qui l'ont si fort tenté ce soir et dont le larcin lui a valu de la part d'un brutal jardinier une si humiliante correction.

— Merci de ces fruits, madame, car l'enfant vous prévient qu'il en ambitionne d'autres beaucoup plus précieux selon lui...

— Par exemple ! et de quelle espèce sont-ils, mauvais sujet ?

Je n'ose les dépeindre madame, répond Coco en baissant les yeux avec hypocrisie ; mais, ajoute-t-il, qu'il vous suffise de savoir qu'ils sont à mes yeux d'un mérite inestimable.

—Et moi, je n'ose vous comprendre, petit audacieux, mais nous nous expliquerons l'un et l'autre un peu plus clairement, une autre fois ; ce soir, il est temps que vous rejoigniez père et mère, dit Julia riant aux éclats ;

et en se levant pour appeler le jardinier.

— Encore une fois, madame, je ne veux pas de cet homme pour compagnon et suis d'âge à savoir me conduire seul, s'écrie Coco avec impatience.

— Et moi, monsieur, je veux qu'il vous accompagne, qu'il vienne ce soir même m'assurer que je n'ai pas reçu chez moi un intrigant et un menteur.

Comme Julia terminait ces mots le jardinier entrait dans la chambre.

Jérôme, vous allez suivre monsieur, pour qui je vous recommande les plus grands égards. Voyez à vous procurer une voiture dans le village, afin qu'elle vous conduise à Paris, rue Lafitte où demeure monsieur que vous remettrez à ses parens.

— C'est cela, comme un écolier que l'on reconduit du collége chez lui, ah! madame, combien vous m'humiliez!

Julia occupée à parler bas à Jérôme, laisse sans réponse les dernières paroles de Coco qu'elle accompagne jusqu'au pied de l'escalier, dont elle reçoit les adieux avec grâce, à qui elle permet qu'il dépose une dernière fois un baiser sur sa main blanche et potelée.

— Dites-donc, jeune homme, est-ce que vous comptez marcher de ce pas? Alors, je ne pourrons jamais vous suivre, dit le jardinier à Coco qui court plus qu'il ne marche.

— J'en suis bien fâché, mais tel est mon pas et je ne puis le changer, d'ailleurs, qui te force butor, à me suivre? Je n'ai nul besoin de ta protection pas plus que de ta société.

— Dam! je faisons ce que ma maîtresse nous avons recommandé, au surplus, j' voyons du train dont vous y allez que la petite salade que je vous avons envoyé ce soir dans les fesses, ne vous avons pas trop pincé.

— C'est ce qui te trompe pendard, car tu ne m'as pas fait grâce d'un seul grain, à preuve, que ne pouvant demeurer assis, je refuse la voiture que t'a recommandé de prendre ta maîtresse, et que j'entends filer de pied, libre à toi, si cela te déplaît de t'en retourner coucher à ta niche.

— Oh! j'nous en garderions ben, not' dame nous avons chargé d'une commission que j' devons remplir jusqu'au bout.

— Ainsi tu comptes ne me débarasser de ta présence?..

— Qu'après que j' vous aurons remis entre les mains de vos parens.

— C'est ce que nous verrons, murmure tout bas Coco en doublant encore son pas rapide.

Ils atteignent la barrière des Bons-Hommes ; là plusieurs fiacres se présentent à eux, mais Coco n'en tient compte et continue sa course.

— Palsembleu ! vous étions un fameux entêté, mon petit dénicheux de fruits ; à ce qui paraissont, vous avez juré de me faire crever à force de courir et vous vous gouaillez de nous tout à votre aise, jarni Dieu ! vous étions bien heureux que not' dame vous ayons recommandé doucement à nos, soins car j' vous ferions voir qu'on ne se gausse pas de nous impunément, dit le jardinier avec humeur.

— Encore une fois, si tu n'es pas content, retourne d'où tu viens.

— Pas de ça, oh ! j' vous suivrons malgré vous.

Les Champs-Élysées, puis la place Louis XV et le boulevard ; ce chemin vient d'être franchi par nos deux personnages dans le plus profond silence. Tous deux n'en peuvent plus et sont en nage, n'importe! ils n'en continuent pas moins leur chemin avec rapidité; la rue Lafitte, puis la porte d'un grand hôtel devant laquelle porte Coco s'arrête brusquement.

— Ah! ah! c'est là que vous demeurons, à ce qu'il paraissons, dit le jardinier s'arrêtant et soufflant comme un bœuf.

— Oui animal, ne trouves-tu la course assez bonne, parle, je puis encore te faire trotter jusque chez ma grand' mère, à une lieue d'ici, si cela te semble agréable.

— Du tout! j'en avons assez, répond Jérôme qui, dans son impatience, saisit le marteau de la porte et frappe un fort coup.

— Qui t'a dit de frapper butor? dit Coco avec colère.

— Moi, qui le prenons sous not bonnet pisque vous n'en finissez pas.

— Allons entre et dépêche! répond le

jeune homme voyant la porte ouverte et poussant Jérôme.

— Du tout ! à vous l'honneur, ainsi l'avons recommandé not bourgeoise.

— De quoi, de quoi ! des façons, allons, marche donc animal, fait Coco en poussant de nouveau Jérome avec rudesse ; Jérome qui se décide enfin à franchir le seuil de la porte, pénètre dans une grande cour où Coco l'enferme pour jouer des jambes ensuite et se perdre dans les rues de la chaussé d'Antin en dirigeant sa course vers la rue d'Astorg. Il était une heure du matin lorsque notre espiègle heurtant avec force à la porte de l'hotel Ganoches, éveilla la concierge qui vint ouvrir en murmurant ; murmures, dont Coco s'em barassa fort peu et qui ne l'empêchèrent pas d'aller aussitôt frapper à la porte de la chambre occupée par son père, de se faire ouvrir par ce dernier et assis sur le pied du lit de rendre un compte exact des aventures de la soirée.

— Ainsi donc, cette Julia, cette danseuse est sa maîtresse, la femme pour qui, Félix néglige et ruine mon enfant, ma Pauline, malheur à lui, malheur à celle qui s'enrichit aux dépens d'une épouse trompée, délaissée ! s'écrie Pierre Renaud après avoir entendu.

— Eh ! bien, c'est dommage car cette Julia paraît être aussi bonne qu'elle est belle, et si elle connaissait ma sœur, je suis certain qu'elle ne voudrait plus lui faire du chagrins, dit Coco.

— Trève à tes réflexions, va te coucher maintenant reprend Pierre Renaud avec brusquerie.

— Va te coucher ! c'est facile à dire ça père, mais pour dormir c'est bien différent, car actuellement qne le voilà un peu refroidi, le derrière me fait un mal d'enfer et me cuit horriblement !

— Gourmand ! qu'avais-tu besoin d'aller dans ce potager ? était-ce bien a toi de dérober le bien des autres? Octave! mon cher enfant, ah ! garde-toi de pareilles bassesses, sois honnête homme, mon ami; l'honneur par dessus tout, n'y déroge jamais et le repos de de ta concience, l'estime générale, seront ta plus douce récompense, fait Pierre avec sensibilité en prenant la tête de Coco, en y déposant un baiser.

— Oui père, plus de ces fredaines-là.

— Bien, bien ! j'y compte, mon enfant. Allons, retire-toi, j'ai besoin d'être seul.

— Bonsoir père, à demain, je vais bassiner ce que vous savez et tâcher de dormir ensuite.

VI

DEUX AMOURS.

— Brigadier Michel, suivez-moi.

— Oui mon colonel. Cela dit et répondu dans la cour de la caserne. Le colonel suivi du brigadier, se dirige vers sa demeure où, arrivé, il fait asseoir Michel près de lui à une petite table couverte de verres et d'une bouteille de champagne.

— Ça, garçon, buvons un coup et causons ensemble.

— Soit ! à votre santé, colonel.

— A la tienne mon brave, répond le colonel en allumant son cigarre ; puis reprenant : Y a-t-il long-temps que tu n'às été voir nos amis communs, cet excellent Norbert et sa charmante fille?

— Hier mon colonel, car la réception amicale que je reçois de leur part, me fait chérir et souhaiter leur société.

— Ce qui fait que tu te la procures le plus souvent possible, reprend le colonel après avoir lâché une forte bouffée de fumée....

— Souvent colonel, mai pas autant que je le désirerais dans la crainte de me rendre importun.

— Faux scrupule, mon cher ! en ce que la

manière dont te reçoit la jeune baronne te prouve combien ta présence lui plaît.

— C'est vrai colonel, car l'accueil que me fait madame la baronne, est celui d'une sœur à un frère chéri, je ne sais en vérité à quoi attribuer un tel excès de bienveillance de la part de gens aussi nobles et riches, envers un pauvre soldat.

—N'est-il pas vrai aussi, Michel, que cette Amélie est une jolie femme, et que celui dont elle daignera devenir l'épouse, sera, un gaillard fortuné?

— En effet, bien fortuné.

—Eh bien! mon garçon, il ne tient qu'à toi d'être ce gaillard-là.

— Colonel, vous riez de moi je pense, dit Michel en rougissant et fixant son chef avec surprise.

— Le diable m'emporte si je t'en impose!

Le fait est que je suis chargé, par mon ami Norbert de t'offrir la main de sa fille.

— Allons donc colonel, vous vous moquez encore une fois; est-il possible qu'une baronne jeune, belle, riche, qui à cent admirateurs à sa suite, consente à devenir la femme d'un homme comme moi ?

— Il n'y a pas de doute, puisque je t'adresse cette demande en mariage, du consentement du père et de la fille ! entends-tu ? Du reste, rien de surprenant dans tout cela, Amélie est une tête allemande pleine de rêves, de romans, d'exaltation, que la vue d'un beau garçon tel que toi, loyal, brave à la figure mélancolique, à l'œil sentimental, a rendue sensible, et qui jette de côtés les préjugés du rang et de la fortune, pour satisfaire les vœux de son cœur.

— En vérité, colonel, je n'en reviens pas !

encore une fois, ne vous moquez-vous pas du pauvre Michel?

— Mille tonnerres! tu es un drôle terriblement difficile à convaincre. Non, cent fois non, je ne me moque pas de toi; veux-tu où ne veux-tu pas devenir l'époux d'une femme belle et riche, réponds? s'écrie le colonel avec impatience.

—Hélas! je ne puis encore répondre à votre demande, soupire Michel.

— Oui, oui, je sais que jusqu'alors tu n'as pas été fort heureux en amour, que la jeune fille que tu aimais s'est donnée à un autre, que depuis ce temps tu pleures et soupires la perte de ton ingrate, mais tout cela c'est de la girie, vois-tu Michel; crois moi, envoie au diable cette vieille passion, et saisis au passage l'occasion superbe, presque introuvable qui se presente de te faire riche et d'avoir pour femme la plus jolie, la plus gracieuse de toutes

Mille canons! si j'étais à ta place mais j'épouserais deux fois pour une et cela, sans balancer un seul instant.

— Colonel, il m'en coûterait de devoir ma fortune à une femme.

— Sottise! mon brave. Allons vite! décide-toi; veux-tu devenir, oui ou non, le plus heureux des hommes, veux-tu accepter pour compagne la plus douce, la plus aimable des femmes?...

— Oui, colonel, car il y aurait honte à repousser l'offre honorable que vous me faites, il y aurait ingratitude à ne point payer de tout son amour, de tout son respect la possession de celle, qui par un excès de générosité daigne vouloir élever jusqu'à elle l'homme obscur et indigne de ses faveurs.

— Il est heureux, que tu te décides, enfin là-dessus; buvons un coup, Michel, et touche là, mon brave! honneur à la femme qui sait distinguer le mérite et le récompenser. Maintenant, ajoute le colonel, suis-moi chez ta belle future.

— Vous suivre chez la baronne, colonel, en vérité! je ne sais si j'oserai me présenter maintenant chez elle.

— Enfantillage que cela, aimes-tu mieux épouser par procuration ? Partons ! partons !

Et tous deux montés en voiture se dirigent vers la rue Saint-Florentin.

En gravissant les degrés de l'hôtel habité par M. de Norbert et sa fille, le cœur de Michel bat avec violence; le jeune homme se soutient à peine et voudrait que l'escalier n'en finisse jamais. Vœu enfanté par la timidité, une crainte puérile.

— Bonjour Norbert, mes hommages respectueux, jolie baronne, dit le colonel en saluant le père et la fille, que Michel et lui trouvent réunis au salon.

Notre garde municipal, pâle et tremblant, les yeux baissés, balbutie un bonjour inintelligible auquel répond d'une manière non moins embarrassée la belle Amélie, dont les joues, à la vue de Michel sont couvertes d'un vif incarnat.

— Cher Norbert et vous jolie baronne, je vous amène un homme non moins soumis qu'enchanté ; un homme enfin, qui n'ose accepter comme une réalité, tout le bonheur que je lui propose de votre part. D'ailleurs, voyez son air confus, embarrassé, il ne sait quelle contenance tenir ; hâtez-vous donc baronne, de le persuader, de le rassurer. Et toi Michel, tombe aux pieds de l'ange qui daigne se donner à toi.

— Ah ! madame, est-il vrai que vous me réserviez tant de bonheur, que vous daigniez par un excès d'indulgence surhumaine vouloir associer à votre sort heureux et brillant celui d'un homme obscur et sans fortune, fait entendre Michel en fléchissant le genou devant Amélie qu'il n'ose encore fixer.

— Oui, Michel, mon vœu le plus cher, est d'unir à moi, l'homme honnête et délicat avec qui je suis certaine de trouver le bonheur; Michel, voulez-vous de moi pour votre femme? achève Amélie en pressant la main du jeune homme qu'elle vient de prendre dans la sienne.

— Si je le veux, madame? oh! oui, mille fois oui! mais non parceque vous êtes riche, car loin de moi l'ambition, la cupidité; mais parce que vous êtes un ange de vertu, de bonté, parcequ'avec vous, près de vous l'heureux Michel passera des jours remplis de bonheur et de charme! Mais, madame, ajoute notre jeune homme d'un accent plein de douceur, avez-vous réfléchi que celui sur qui vous voulez déverser vos précieuses faveurs, dont vous voulez être l'épouse, est un enfant perdu, sans nom, sans famille, sans fortune, et ne craignez-vous le blâme de ce monde brillant dont vous faites partie, en contractant une semblable union?

— Bien, Michel, bien mon ami! voila ce qui s'appelle parler en honnête nomme qui ne veut rien devoir à la surprise, s'écrie M. de Norbert en frappant amicalement sur l'épaule de Michel encore agenouillé aux pieds d'Amélie. Tandis que son père disait ainsi, la jeune baronne, en réponse aux paroles de Michel, passait un anneau d'or au doigt de ce dernier; puis, se penchant vers lui et le baisant au front :

— Michel, dit-elle, soyez dès ce jour mon fiancé et dans quelque jours mon époux chéri; à vous mon cœur, mon amour, ma personne et ma vie entière.

— Oh! madame, madame, vous voulez donc me faire expirer sous le poids du bonheur dont vous me comblez, s'écrie Michel sous l'empire d'une délicieuse émotion, et en inondant de ses larmes la main qu'Amélie livre à ses caresses.

— Allons, allons! à bientôt la noce; je le vois, Michel, il faut s'occuper activement de donner ta démission, car le métier de brigadier ne convient nullement à l'époux d'une baronne, dit en riant le colonel; puis reprenant : savez-vous, Amélie, qu'il y a excès de générosité de ma part à laisser passer sous vos drapeaux un de mes meilleurs, un de mes plus braves cavaliers.

— Aussi, Colonel, vous tiendrai-je compte de ce sacrifice par une amitié, une reconnaissance éternelle.

Encore un long entretien, où Michel, moins timide, osa contempler avec ravissement la charmante baronne, et lui faire entendre mille mots d'amour et autant de sermens de constance, de fidélité, de dévoûment; puis vint le diner, où Michel et le colonel furent conviés; puis la soirée, une des plus heureuses que notre héros ait jamais passé; où la baronne Amélie de Valberg, envieuse sans doute, de captiver entièrement son futur, déploya toutes les grâces de son esprit, tous les talens dont la nature et l'étude l'avaient douée. Aussi, Michel, l'heureux Michel, entendit-il sonner avec le plus amer regret la douzième heure du soir heure à laquelle il se retira, accompagné de son colonel, le cœur rempli des plus doux ravissements et la tête pleine d'admiration et de mélodie.

— Oh oui! tout mon amour, mon adoration à la femme qui daigne se donner à moi et aimer la première, celui que jamais femme n'a aimé... Adieu, adieu pour toujours Pauline, pardonne, si dans ce jour j'efface ton image de mon cœur, si je remplace l'amour que tu m'a inspiré, par une autre amour! Pauline! chère Pauline! si en cessant de t'aimer, je m'efforce de reconquérir le bonheur que ton indifférence, ta perte, avaient chassé loin de moi, oh! sois sûre que toute ma vie je conserverai un doux souvenir de tes charmes, de ton amour et que mon dévoûment, mon amitié te sont à jamais acquis. Ainsi pensait Michel avec attendrissement en attendant que le sommeil vînt clore ses paupières.

Libre de tout service une partie de la journée du lendemain, notre jeune brigadier en sortant de chez Catherine sa mère adoptive à qui il était al.é raconter son bonheur, Michel donc s'en fut sonner à la porte de madame Germain qu'il n'avait pas revue depuis plusieurs jours et avec qui il aimait tant à s'entretenir de Pauline. Un pas léger, bien autre, ma foi, que celui lourd et incertain de la vieille dame, se fit entendre dans l'intérieur et fit vibrer aussi le cœur du jeune homme. Serait-ce Pauline qui viendrait lui ouvrir? Pauline en visite chez sa vieille amie, ah! si Michel le savait, il fuirait aussitôt sa présence! Et cette pensée à peine achevée la porte s'ouvrit, et Pauline, pâle, au regard triste et languissant se présenta aux yeux du visiteur en essayant un pénible sourire.

— Vous Michel! s'écrie la jeune femme en saisissant la main du jeune homme, oh! comme il y a donc longtemps que je ne vous ai vu, entrez, entrez, mon ami, notre bonne Germain est là, cela dit, elle entraîne Michel sans qu'il ait eu le temps de lui dire un mot, puis le fait asseoir, s'asseoit à côté de lui puis essuie ses beaux yeux que les larmes inondent.

— Tu pleures mon enfant, serait-ce de joie, en revoyant ce bon Michel, notre ancien et meilleur ami? s'informe madame Germain

— Pauline, chère Pauline! qu'avez-vous, ma présence vous déplaît-elle, pour vous arracher des larmes? dit le garde municipal avec douceur, intérêt, en pressant la main de madame de Viguerie,

— Michel, bon Michel, excusez votre amie, mais hélas! elle est tant à plaindre!

— Pauvre Pauline! jamais de bonheur donc?

— Jamais Michel; car l'indifférence, l'abandon, tel est désormais mon partage.

— Ah! le misérable, avoir une femme comme toi et la rendre malheureuse! fait entendre avec indignation la vieille dame.

— Oui, cet homme était indigne de votre amour, de votre possession; Pauline, que ne puis-je, au prix de tout mon sang, réparer l'erreur que votre cœur vous a fait commettre et par ce sacrifice vous rendre au bonheur!

— Merci, merci; bon Michel; ah! le ciel vous venge bien de mon indifférence! soupire Pauline en baissant les yeux; puis reprenant après un instant de silence, et vous mon ami?...

— Moi, Pauline, j'ai beaucoup souffert.

— Je le conçois, j'ai si cruellement déchiré votre cœur; mais pardonnez-moi, Michel, car lorsque votre bouche me fit l'aveu de vos sentimens, je n'étais plus digne de vous.

— Allons, allons, ne rappelons pas le passé, causons du présent, de l'avenir, mes chers enfans, de l'avenir qui vous sera sans doute plus favorable.

Et docile à l'avis de la vieille, les jeunes gens se taisent et durant un instant du plus triste silence, les yeux de Michel contemplent avec amertume les ravages que l'impitoyable chagrin a occasionnés sur les traits jadis si beaux de la pauvre Pauline, dont le visage cependant, n'a point encore cessé d'être beau et à qui la pâleur, un air languissant prêtent un charme qui commande l'intérêt le plus tendre.

— Michel, il faut vous marier, mon ami; tel est le désir de votre bonne mère Catherine, celui qu'elle m'exprima encore hier soir.

A ces paroles de madame Germain, Michel sent la main de Pauline se crisper subitement dans la sienne, et ce mouvement en jetant le trouble dans son âme, arrête l'aveu prêt à sortir de sa bouche.

— Eh bien ! qu'en dites-vous, Michel ?

— Que rien ne presse encore, madame Germain, répond le jeune homme.

— En tout cas, faites un bon choix Michel, choix d'un cœur qui réponde au vôtre, dit Pauline en soupirant et quittant la place qu'elle occupe.

— Quoi, t'en vas-tu sitôt mon enfant ? s'informe la vieille dame.

— Oui ma mère, car vous ne devez pas douter que le prochain mariage de mon père avec la tante de mon époux me donne bonne occupationau logis.

— Qu'entends-je, monsieur votre père se marie, Pauline ? dit vivement Michel avec surprise.

— Mon Dieu, oui ; ce bon Pierre Renaud consent enfin à faire le bonheur d'une femme en devenant son époux et je ne puis trop féliciter cette sage madame Ganoche du choix qu'elle a fait, dit madame Germain.

— Et que pense votre époux, d'une union qui semble blesser ses intérêts en lui donnant en la personne de votre père un rare et sévère Mentor ?

— Il faut souffrir ce qu'on ne peut empêcrer, répond madame Germain à la demande de Michel, en voyant Pauline garder le silence et baisser les yeux.

— En tout cas, Pauline, je ne puis que rendre grâce à un mariage qui, près de vous, va pour longtemps placer un puissant protecteur contre les écarts de votre époux.

—Aussi ce Félix du diable ! enrage-t-il de tout son cœur, et parle-t-il déjà de quitter le toit de sa tante aussitôt après le mariage afin sans doute de pouvoir tourmenter sa victime à son aise et sans témoins. Oh le monstre !

— Ma mère, ma bonne mère! grâce, pitié, car il est mon mari, s'écrie Pauline douloureusement.

— C'est cela, prie pour lui, empêche qu'on ne dévoile son odieuse conduite, pauvre victime que tu es, reprend la vieille dans son indignation.

Pauline ne répond à ces dernières paroles que par une larme que Michel aperçoit rouler sur sa paupière.

— Paix, paix madame Germain, car vous l'affligez cruellement, cela disant, le jeune homme qui s'est levé aussi, emporté par un sensible enthousiasme, de son bras entoure la taille de Pauline qui a peine à se soutenir, puis presse la jeune femme sur sa poitrine cela avec ivresse, amour, car le cœur de Pauline qu'il sent battre à l'unisson du sien réveille en lui une passion assoupie et lui fait tout oublier pour ne plus penser qu'à la femme chérie qui dans son sein cache en ce moment un visage baigné de larmes.

— Pauvre petite! je viens donc de te faire bien du mal? attends, attends un peu de cette excellente eau de mélisse que j'ai là dans la chambre voisine, afin d'arrêter ce maudit tremblement qui t'agite.

Cela disant, madame Germain hors d'elle, courait vers sa chambre à coucher, et Michel resté seul avec Pauline, soulève la tête de la jeune femme, penche sur le sien son visage et dans son trouble, son ivresse dépose ses lèvres sur ses lèvres décolorées, puis avec amour y prodigue ses baisers malgré la chaste résistance qu'oppose à ses coupables caresses la pudique épouse de Félix de Viguerie.

— Michel! Michel, oubliez-vous malheureux, que je ne m'appartiens plus? oubliez-vous l'honneur, Michel? Ah! laissez-moi, éloignez-vous, je vous le demande en grâce! s'écrie Pauline en s'arrachant des bras du coupable pour aller se jeter, honteuse et le visage couvert de ses deux mains, sur le fauteuil que venait de quitter madame Germain.

— Adieu, Pauline, adieu! grâce pour Michel, car l'amour l'a rendu bien coupable, cela dit, après avoir pressé la main de la jeune femme, Michel, afin de dérober son trouble et sa rougeur à la vieille dame dont il entend les pas, s'éloigne aussitôt avec rapidité, gagne la rue, puis le boulevard qu'il longe à grands pas et où le hasard le place inopinément en présence du père de celle qu'il vient de quitter.

— Où allez-vous ainsi Michel? s'informe Pierre Renaud en s'arrêtant et pressant la main du jeune homme.

— A la caserne où le devoir m'appelle.

—Ne pouvez-vous m'accompagner jusque chez dame Germain où je me rends en ce moment, où Pauline m'attend sans doute?

—Au nom de Pauline, Michel se trouble, il sent le rouge colorer son visage, puis, se remettant aussitôt, il instruit Pierre de la visite qu'il vient de faire aux deux dames, visite qu'il renouvellerait avec plaisir en compagnie de Renaud, si le devoir et l'heure ne l'appelaient à l'instant même.

— Monsieur Renaud, j'avons bien l'honneur d'être vot' très-humble serviteur, fait entendre un grand homme sec, à l'air piteux, à la mise malpropre et misérable, en saluant bien bas et venant par sa présence, ses paroles, interrompre brusquement l'entretien de Pierre et de Michel en se plaçant, pour ainsi dire entre eux deux.

A la vue de cet homme, Pierre Renaud pâlit et recule de surprise, puis, prenant aussitôt congé du jeune militaire il entraîne avec lui l'importun.

— Encore toi misérable! mais tu m'assommeras donc partout, en tous lieux, de ton horrible présence? dit avec dépit Renaud.

— Dam! père Brise-tout, c'est que la poire est mûre et qu'il s'agit de la grincher.

— Laisse-moi, je ne veux ni t'entendre, ni rester avec toi un seul instant.

— Vous vous rappelez, père Brise-tout, qu'à notre dernière rencontre dans la cour de certaine mairie, il y a de çà une huitaine, que je vous avons parlé d'un certain coup de rafle, voir même que vous étiez encore en conversation avec le municipal d'aujourd'hui, ce qui me semble drôle, tout de même qu'un grincheur de la première force, ainsi que vous l'étions, fréquentissions des gens de c't'espèce-là, que pour not' compte je ne pouvons souffrir.

— Va au diable, avec ton bavardage! que veux-tu, de l'argent? tiens en voilà et débarrasse-moi de ta présence.

— Merci, j'empoche sans façon, car j'avons pas le sou, à preuve, regardez plutôt que les chiffres se plaquent dans le gousset.. Un instant! père Brise-tout, j'avons encore queux chose à réclamer, dit Lessoufflé en retenant Pierre Renaud par le bras au moment où ce dernier se disposait à s'éloigner.

— Parle-donc, mais parle vîte! répond Pierre en marchant et conduisant son ancien acolyte vers la rue Basse de Bondi.

— Père Brise-tout, j'vous avons promis vot' part de butin dans une riche et facile entreprise, moyennant que nous travaillerions ensemble; or...

— Merci, garde tout pour toi et laisse-moi en repos car dorénavent plus de crimes, de vols, ils me font horreur.

— Excusez! tout çà vous étions facile à dire à vous, monsieur Pierre Renaud, qui allez épouser dans queux jours une femme qui avions des écus.

— Misérable! qui t'a instruit de mon nom, de mes actions? s'écrie Pierre Renaud furieux.

— Les voisins de vot' futur hôtel, monsieur Pierre Renaud dit Brise-tout, répond Lessoufflé d'un ton sardonique. A çà capitaine, reprend-il subitement d'un air délibéré, il ne s'agit pas de faire ni le fier ni le dédaigneux en ce moment, car j'avons le moyen de rabattre votre ton, compère! Il s'agit, à parler clair et net, de faire ce soir même et ensemble, main basse sur l'or, les bijoux d'une jeune et jolie femme: le coup étions des plus facile mais il faut être deux pour l'exécuter avec sûreté ; une fois, deux fois! voulez-vous être le chef de l'entreprise?

—Non! mille fois non! maintenant misérable, cours me dénoncer, songe que ma ruine entraînera la tienne , s'écrie Pierre avec rage.

—Oh! là là! c'est-y bête de s'mette comme çà en colère, dans un semblable état, en vérité père Brise-tout, vous n'étions pas raisonnable, mais songez donc qu'il ne sagissions rien moins que d'empoigner un superbe écrin tout garni de beaux diamans, puis une jolie cassette pleine de gentils jaunets monnoyés et ayant cours dans le royaume, que le tout, se trouvissons déposé en ce moment dans une maison de campagne située à Auteuil, que dans ladite maison, il n'y aura ce soir, et l'espace de quatre heures, qu'un vieux jardinier pour gardien, la maîtresse du lieu n'étant autre qu'une danseuse de l'Opéra, qui se trouvissons forcée d'aller sauter ce soir de dessus son théâtre.

— Sais-tu le nom de cette femme ? s'informe vivement Pierre en fixant Lessoufflé.

— Ju... Julie.. Julia! oui Julia qu'on appelons la paroissienne.

— C'est elle! s'écrie Renaud, puis continuant : compte sur moi; oui, je consens à te seconder, mais à une condition, c'est que les diamans seront pour moi, l'or et autres choses précieuses pour toi.

— Çà va! A la bonne heur, diable, vous étions, capitaine, ben difficile à décider et d'une scrupulisation terrible. Ainsi à ce soir neuf heures, sur la place Louis XV.

—Toutes tes mesures sont prises, tu as bien flairé la cage ?

— Soyez sans inquiétude, capitaine, une

muraille de sept pieds, un jardin touffu, une fenêtre à forcer et ça va comme sur des roulettes.

— A ce soir donc! au revoir!

—A ça capitaine, exact au rendez-vous, pas de gasconnades, si mieux vous n'aimez recevoir demain dans vot' hôtel, la visite des mouches de la préfecture.

— A ce soir, te dis-je!

Et cela dit, Pierre s'éloigne avec rapidité.

— Oui, à ce soir infâme! car j'ai hâte de punir la maîtresse de ce Félix de lui arracher les présens, qu'au détriment de ma fille, elle tient de son amour! J'ai hâte d'arracher par la mort de cet odieux brigand, le secret terrible de mes crimes!... Du sang! du sang et pour la première fois.... oh! c'est affreux!! Mais l'honneur de mes enfans, leur repos, le désir qu'ils ne maudissent pas leur père?

Allons, il le faut! il le faut! malheur à toi Lessoufflé, malheur à toi puisque tu m'y forces par tes imprudentes menaces!

Ainsi disait Pierre Renaud en se dirigeant vers la demeure de madame Germain, le désespoir, la fureur dans l'ame.

VII

L'OPÉRA ET LES VOLEURS.

— Félix, avez-vous, selon mes ordres, retenu pour ce soir, une loge à l'Opéra? s'informait madame Ganoche durant à la réunion du dîner.

— Je n'aurais eu garde d'y manquer ma

tante, voici le coupon, répond le jeune homme en l'atteignant de son portefeuille, et le présentant à la dame.

— C'est bien! la loge est pour quatre, gardez ce billet Félix, car j'espère que vous ne refuserez pas de m'y accompagner ainsi que votre femme.

— Sans doute! je suis curieux d'assister à la première représentation du ballet qu'on donne ce soir; la belle Julia dit-on y dansera un pas des plus gracieux, répond Félix.

— Renaud, vous venez aussi avec nous mon cher futur? cela vous égaiera un peu, vous en avez besoin, car aujourd'hui vous me paraissez tout chose.

Renaud, arraché à ses réflexions par cette interpellation, d'alléguer un malaise supposé afin de se dispenser de se rendre à l'invitation, mais madame Ganoche insiste fortement et Renaud craintif de la mécontenter par un plus long refus accepte enfin.

—C'est heureux que vous consentiez, mais ce n'est pas sans peine. Savez-vous mon cher amoureux, qu'il n'est pas dutout galant à vous de se faire prier ainsi cinq jours avant la noce? observe l'ex-vivandière en donnant deux petites tapes du revers de sa main sur les joues de Pierre Renaud, placé près d'elle et qui en réponse à cette agacerie s'efforce de grimacer un sourire.

— Ah çà! et moi, est que je n'irai pas aussi à l'Opéra? je suis fièrement curieux de voir çà, partout on dit que c'est si beau, s'informe Coco, présent.

— Au fait, nous t'avons oublié bambin, cela sera pour une autre fois; et ce soir tu te coucheras de bonne heure afin d'être plus frais demain matin pour faire ton entrée au collége.

— Merci c'est bien amusant de se coucher quand les autres vont au spectacle, répond Coco aux paroles de madame Ganoche et hochant la tête de mécontentement.

— Quelle heure est-il donc?

— Bientôt sept heures, ma tante, répond Pauline.

— Alors, il faut donner l'ordre d'atteler et filer au plus vite. Allons Pauline, à ta toilette, mon enfant!

Uune demi-heure au plus, et l'équipage emportait la société vers la théâtre de l'Acamie Royale de Musique, académie qui n'est rien moins qu'académique.

Madame Ganoche. superbement coiffée d'une toque rouge à panache, ce qui fait encore plus ressortir sa vilaine et commune figure, s'empare ainsi que Pauline de la devanture de la loge située de face et aux premières; Renaud et Félix en occupent le fond un peu obscur, ce qui dissimule l'air inquiet, préoccupé, qui les agite.

Un premier acte d'un grand opéra, puis le nouveau ballet, tel se compose le spectacle, auquel les deux dames seules portent leur attention.

L'acte du chant vient de se terminer, il fait une chaleur affreuse ; Félix sur l'avis de sa tante ouvre la porte de la loge. Renaud sous le prétexte de prendre l'air un instant sort et disparaît.

Une demi-heure encore et trois coups frappés sur la scène annoncent le levée de la toile.

— Mon père ne revient pas, s'informe alors Pauline d'un air inquiet en tournant les yeux vers la porte.

— L'ouverture va r'amener ce cher homme observe madame Ganoche.

Le rideau lève, mais au lieu du ballet c'est

le régisseur qui paraît, et, après trois saluts hypocrites et de rigueur, annonce au public impatient que, mademoiselle Julia, venant de se trouver subitement indisposée, l'administration, par suite de cet accident se trouve dans l'impossibilité de faire représenter le nouveau ballet, et prie le public de vouloir bien en accepter un autre à la place.

Alors grande rumeur au parterre, force coups de sifflets; puis le cœur de Félix, qui bat de crainte, d'amour, d'impatience, et le jeune homme qui sort brusquement de la loge pour courir au théâtre, dont après un réglement de police, on lui interdlt l'entrée mais non, la facilité de parler à la femme de chambre de la danseuse, qui descendue à sa demande, lui apprend que sa maîtresse se sentant de plus enplus indisposée, va retourner à Auteuil où elle engage Félix à aller l'attendre, Julia ayant à lui parler le soir même.

— Mieux, je vais rester ici afin de l'accompagner chez elle, répond l'amant empressé.

Et la chambrière le quitte pour aller prévenir sa maîtresse, qui, après avoir fait attendre Félix une heure entière, se rend enfin à ses vœux, mais pâle, tremblante et se soutenant à peine.

La dixième heure du soir allait sonner, lorsque la voiture qui ramenait Félix et Julia s'arrêta à la porte de la maison d'Auteuil, lorsque le jeune homme soutenant la danseuse de son bras amoureux, pénétra avec elle dans un petit boudoir précédant la chambre à coucher, où il la déposa sur un moëlleux divan.

— Eh bien ! comment te trouves-tu maintenant, ma toute belle? s'informe Félix, de l'accent le plus tendre en penchant sa bouche sur celle de Julia.

— Mal ! le lit je pense, me sera plus propice que ce siége, répond la danseuse, puis s'adressant à sa femme de chambre : Mariette préparez mon coucher.

Sur cet ordre, cette dernière ouvre la porte qui sépare le boudoir de la chambre à coucher, fait quelque pas puis recule épouvantée en poussant un cri et laissant tomber le flambeau.

— Qu'est-ce donc? s'écrie Félix voyant entrer la servante, pâle et tremblante et qui vient se jeter dans lui.

— Monsieur !... la dedans... la fenêtre ouverte ... un homme !..

— Oh ciel ! que dis-tu Mariette ? fait entendre Julia que la frayeur arrache à son insomnie et qui se redresse aussitôt.

— Un voleur, madame, un voleur dans votre chambre à coucher, et puis la fenêtre ouverte !

Eh ! mes diamans, mes diamans, il les aura volée ! voyez, voyez, Félix je vous en conjure !

En ce moment, un coup de fusil parti du dehors se fait entendre, alors Julia, la chambrière épouvantées s'enfuient en poussant des cris affreux, en laissant Félix seul, Félix qui, quoique peu rassuré, s'élance dans la chambre et aperçoit un homme prêt à escalader la fenêtre.

— Coquin, si tu descends je faisons feu sur toi comme je venons de le faire sur ton camarade, s'écrie le jardinier placé sous la fenêtre, en couchant en joue le voleur sur qui, n'ayant pour l'instant qu'un fusil non chargé, il ne peut exécuter la menace, mais qu'il cherche seulement à intimider.

Au même instant du dehors et du dedans de la maison, se font entendre les cris : au voleur ! au voleur !

— Misérable ! n'espères pas t'échapper,

s'écrie Félix, enhardi par la présence du jardinier à qui il entend gravir la fenêtre et s'adressant au voleur qui, se voyant la retraite coupée du côté du jardin rentre précipitamment dans la chambre , se jette dans Félix qui le saisit à bras le corps et tombe aussitôt percé de plusieurs coups de poignard sur le parquet de la chambre.

— Tenez ben fort le coquin, le voleur, v'la que me v'là, criait Jérôme en enjambant le balcon, eh ben, ous'que vous étions, reprend ce dernier, n'entendant aucun bruit et marchant à tâtons dans la pièce. A ça est-ce qu'i'l se sont envolés

Cela disant, Jérôme s'embarrasse les jambes dans le corps de l'infortuné Félix, se baisse, tâte, pousse un cri d'effroi et appelle à lui en sentant ses mains se teindre d'un sang bouillant. On accourt, on relève Félix, il n'existait plus ! Mais l'assassin, qu'est-il devenu? On parcourt la maison, le jardin, rien, il s'est échappé.

A minuit moins un quart, Pierre Renaud de retour au théâtre en adressant ses excuses à madame Ganoche, et motivant sa longue absence sur un malaise subit qui l'avait contraint à sortir de la salle pour respirer le grand air. offrait sa main à sa future, à Pauline, pour monter dans la voiture qui. du grand Opéra allait les reconduire à leur hôtel où à leur arrivée, madame Ganoche manifesta sa surprise et son mécontentement de n'y pas trouver son neveu qui avait eu l'impertinence de les quitter sans motif et de les laisser seules au spectacle.

Maintenant, et pour être plus clair dans le récit de cette véridique histoire, reprenons les événemens du commencement de la soirée et suivons Pierre Renaud dans ses pas et dédémarches et lors qu'il eut rejoint Lessoufflé sur la place Louis XV à l'heure iudiquée par son complice.

— Arrivez donc père Brise-tout, je commencissions à maronner, ne vous voyant pas venir, savez-vous qu'il est la demie sonnée aux Tuileries?

— Silence, point d'observation de ta part et conduis-moi.

— Suffit, capitaine, j' nous taisons, au surplus, une demi heure de plus ou de moins dans c'te circonstance, ca n'y fait pas grand chose, d'autant plus qne la particulière que j'allons exploiter en a encore pour longtemps à gambader de dessus le théâtre et qu'alle rentrera fort tard... Disez donc capitaine, ça doit être superbe c'tOpéra? et si vous voulez bien accepter une politesse, j' vous offrons de vous en régaler demain, avec l'argent de la particulière, bien entendu.

Renaud, silencieux, laissait parler Lessoufflé et contemplait l'obscurité, la solitude qui les entouraient en ce moment sur la route qu'ils parcouraient. Alors, sa main cachée sous son gilet, carresait le manche du poignard dont il était armé, et son regard s'attachait par fois sur Lessoufflé avec l'expression de la haine et de la fureur. En cet instant, quelle était la sinistre pensée de Pierre? Celle de savoir s'il ne ferait pas bien d'immoler aussitôt un homme dangereux pour sa sûreté, un homme dont les menaces le faisaient frémir et qui tôt ou tard aurait l'infamie de le dénoncer et de le perdre.

« Non, non! pas actuellement! mais au retour, il me faut avant ces diamans; oui, il me les faut, car ils appartiennent à ma fille, à ma Pauline. » Ainsi conclut Pierre Renaud, retiré de ses profondes réflexions par la voix nazillarde, aigüe de Lessoufflé qui l'avertissait qu'enfin ils étaient parvenus au but de leur voyage et qu'il fallait se mettre à l'ouvrage.

La brèche qui, quelques jours avant avait donné l'entrée du jardin à Coco, servit encore cette fois aux deux malfaiteurs qui se glissèrent sans bruit à travers les allées touffueset atteignirent la maison où règnait le silence et l'obscurité, une faible lumière brillait seule au loin à travers la fenêtre du logement du jardinier, pavillon situé près de la grille d'entrée.

— Allons père Brise-tout, en besogne, v'là la fenêtre en question, celle de la chambre qui renferme les félicités que nous voulons grinchir. Ho ! sur mes épaules et travaillez-moi c'te persienne a[illegible] votre adresse, votre habileté ordinaire.

En moins d'un quart-d'heure, nul obstacle ne s'opposait à l'entrée des voleurs qui, introduits dans la chambre à coucher de la danseuse, s'empressèrent de faire main-basse sur tous les objets de prix, après avoir fait sauter les portes des meubles et armoires.

— Père Brise-tout, v'là le magot en jaunets, puis v'là l'écrin, à vous les diamans, à moi l'or, ça ce reconnaît moins, et ne compromet pas.

Renaud s'empare de l'écrin que lui passe Lessoufflé et le met dans sa poche.

— Capitaine, un coup de main encore pour enfoncer ce coffre.

— N'en as-tu pas assez? crois-moi, décampons pour plus de sûreté!

— Non pas! ce coffre me fait tout l'air de renfermer la vaisselle d'argent de la particulière. Allons, allons, un petit coup de monseigneur dans cette fente que v'là.

Au diable le cupide! veux-tu donc en emporter plus que tes forces ne te le permettent?... Chut! silence, j'entends ouvrir la chambre voisine, ajoute tout bas Pierre Renaud en saisissant le poignet de Lessoufflé prêt à faire une pesée sur le coffre.

— Bigre ! décampons lestement répond ce dernier en se dirigeant vers la fenêtre qu'il se dispose à enjamber.

— Attends, attends, donne-moi le temps seulement de m'assurer si la voix que j'entends n'est pas celle d'un homme que je croyais loin d'ici.

Alors Renaud, de coller son ereille sur la porte du boudoir, puis de murmurer : « C'est lui, l'infâme les a quittées pour accompagner sa maîtresse. » Cela dit et comme il se retirait la porte s'ouvre subitement, c'était Mariette, la femme de chambre qui entrait, qui poussa son crid'effroi en apercevant Lessoufflé encore à califourchon sur le balcon, lequel à sa vue, s'empressa de sauter dans le jardin où le jardinier attiré par les cris au voleur, et le voyant fuir à travers les plates-bandes lui lâcha un coup de fusil et le manqua. Lessoufflé horriblement effrayé redouble de vitesse, escalade le mur, tombe dans la rue, se relève, fuit de nouveau en dirigeant sa course vers le pont de Grenelle et de plus, poursuivi par l'intrépide Jérôme le jardinier qui, malgré l'obscurité ne le perd pas de vue, et court sur ses talons sans cesser de crier :

— Arrêtez le voleur, arrrêtez !

Mais Lessoufflé, envieux de se débarrasser de ce poursuivant incommode autant que dangereux, près d'atteindre le quai se détourne brusquement pour fondre en désespéré sur le jardinier ; alors, s'engage entre eux nne lutte violente dont Jérôme allait être la victime : lorsque le hasard fit venir à son secours un militaire à cheval, un brigadier de la garde municipale, Michel enfin! qui revenant de porter des dépêches à Saint-Cloud qu'habitait le roi en ce moment, et entendant le bruit de la lutte, d'affreux juremens, accourait sur le lieu du combat afin d'y mettre fin et porter secours si besoin était.

— Holà, holà ! la paix, de quoi s'agit-il? s'écrie le militaire en fonçant sur les combattans en cherchant à les séparer.

— Dieu soit loué ! c'est lui qui vous envoie à mon secours, monsieur Michel, aidez-moi à retenir ce voleur que je viens de surprendre cheux nous au moment où il s'enfuyait après avoir dévalisé la chambre à coucher de mam'zelle Julia

Tandis que Jérôme disait ainsi, Lessoufflé se voyant pris, faisait des efforts incroyables pour se débarrasser des mains qui le tenaient fixé sur place.

— Pas vrai, municipal, j' passions tranquillement sur c'te route lorsque c'voleux m'a sauté au colet en me demandant la bourse ou la vie, dit Lessoufflé.

— Monsieur Michel, n'en croyez rien, d'ailleurs vous me connaissez pour un honnête homme. Aidez-moi donc à reconduire ce coquin cheux nous afin de le faire dégorger et mettre en prison.

Allons, marche misérable! dit Michel à Lessoufflé qu'il menace de la pointe de son sabre tandis que Jérôme qui n'a pas lâché le voleur le traîne par le collet.

A peine avaient-ils fait quelques pas, que Lessoufflé qui, sans qu'on s'en aperçut avait tiré un couteau de sa poche, en porte un coup furieux dans le bras de Jérôme à qui la douleur arrache un cri et fait ouvrir la main qui retenait le voleur, ce dernier se voyant libre blesse aussi le cheval et tandis que l'animal se cabre, le malfaiteur prenant les jambes à son cou, s'enfuit avec rapidité.

La lame du couteau ayant glissée entre le cuir et lachair de l'animal, la blessure est peu de chose, aussi Michel a t-il bientôt calmé la fureur du noble animal qui, docile au frein, part comme une éclair vers la direction que lui donne le cavalier, c'est à dire, celle prise par Lessoufflé, que Michel a eu soin d'observer. En vain, le voleur entendant les pas du cheval qui le poursuit, essaie-t-il à doubler de vitesse, à se jeter derrière la haie qui en cet endroit du quai de Passy, sépare la route du bord de l'eau, exténué de fatigue, respirant à peine, ses pieds s'embarrassent dans les racines de la haie et son corps va rouler dans la poussière où Michel arrivant au galop et sautant en bas de son cheval, le saisit et l'enlève d'une main ferme pour le remettre sur ses pieds.

— Bien joué, brigadier, je sommes vot repisonnier dit Lessoufflé en époussetant ses habits

— Franchement ce n'est pas sans peine, mais cette fois, coquin tu ne m'échapperas pas.

— Non, car vous me renverrez de bonne volonté.

— C'est ce que nous verrons, en attendant voilà un pistolet qui te fera sauter la cervelle au premier geste que tu feras pour te sauver; celà disant, Michel qui venait d'atteindre ladite arme dans un des arçons de sa selle, en faisait briller le canon aux yeux du voleur.

— Peste! vous avez fort raison, vous tenez là, brigadier, un argument irrésistible.

— Assez causé, brigand, en route!

— Un petit moment brigadier, car j'avons deux mots à vous bailler qui vous éviterons de faire une sottise en me livrant à la justice.

— Ah! ah! je suis curieux de les entendre, conte donc, mais en cheminant.

— Brigadier, dans la tentative de vol qui me méritons l'avantage de voyager en ce moment, en votre compagnie, j'avons un complice qui, plus adroit que moi, aura su s'évader.

— Eh bien ! que m'importe !

— En rien, si vous ne tenez nullement à ce que je dénoncions ledit personnage comme étant depuis cinq ans le capitaine de la bande dont je faisons partie.

— Dénonce ou ne dénonce pas, cela m'est fort indifférent.

— Peut-être, brigadier; car si je vous nommions l'homme, le complice dont il s'agissons votre indifférence à ce sujet pourrions fort bien cesser.

— J'en doute ! répond Michel avec insouciance, en ce que ajoute-t-il, un homme comme moi ne porte nul intérêt aux gens de ton espèce... Allons, allons, marchons plus vite et plus droit.

— A ça brigadier où me conduisez-vous donc?

— A la maison que tu viens de dévaliser.

— Brigadier, n'en faites rien et laissez-moi décamper, alors je tairons que mon complice, mon capitaine, n'étions autre que votre ami intime Pierre Renaud, avec qui deux fois déjà je vous avons rencontré.

— Infâme! qu'oses-tu dire? s'écrie Michel frappé comme d'un coup de foudre, en arrêtant son cheval subitement, et mettant pied à terre pour mieux lire l'affreuse vérité dans les yeux du voleur.

— Je disons la vraie vérité, oui, Pierre Renaud dit Brise-tout, qne chacun prenons pour un honnête homme, qui allons se marier dans peu avec une particulière calée, nommée la mère Ganoche, n'étions autre qu'un voleur de profession, le chef de notre bande.

— Impossible ! tu mens, infâme coquin, tu mens !! s'écrie Michel hors de lui.

— Libre à vous de rester dans l'incrédulité brigadier, mais faites-moi empoigner tout à fait alors, je dénonçons Pierre Renaud et sa présence sur les bancs de la cour d'assise vous prouve que je vous avons dit la vérité.

— Oh ! mon Dieu, mon Dieu ! faut-il ajouter foi à un tel malheur? Pauline ! Pauline !.. s'écriait Michel en essuyant la sueur froide qui inondait son visage, puis en se frappant le front, rappelant ses idées et voulant adresser une nouvelle question à Lessoufflé, il lève des yeux que dans sa douleur, il avait fixé sur terre et ne retrouve plus le voleur. Cet homme venait de s'enfuir. Michel n'essaie pas à courir après son prisonnier, s'arrachant à la stupeur où l'a plongé la dénonciation de Lessoufflé, il remonte en selle et le cheval guidé par le cavalier, se dirige au galop vers Auteuil.

— C'est vous Michel? Ah ! le ciel vous envoie à propos et pour m'aider à supporter l'affreuse position dans laquelle je me trouve. Venez mon ami, venez voir monsieur de Viguerie, mort, assassiné, sans vie! s'écrie Julia tremblante, pâle, échevelée en voyant entrer Michel accompagné du jardinier.

Michel, dont elle saisit le bras, qu'elle entraîne jusqu'à la porte de sa chambre à coucher où elle le pousse, où le brigadier aperçoit sur un lit, le corps inanimé de Félix, puis les gens de justice, qu'on a fait prévenir aussitôt et qui, en ce moment, verbalisent froidement en présence du cadavre.

Laissons agir la justice et revenons à Pierre Renaud, sachons ce qui a pu pousser ce malheureux à plonger ses mains dans le sang de son gendre. Lessoufflé effrayé par l'apparition de la femme de chambre, s'était donc, ainsi que nous l'avons vu plus haut, échappé lestement par la fenêtre. Mais Pierre Renaud moins effrayé par le bruit qui se faisait entendre dans la pièce voisine, ayant reconnu la voix de Félix et désireux d'entendre le langage de ce dernier, s'était placé près de la porte où il prêtait une oreille attentive lorsque Mariette venant à ouvrir brusquement contraignit le voleur à se jeter de côté afin de n'être pas aperçu; puis, voyant fuir la femme de chambre, entendant ses cris d'alarme, Pierre effrayé enfin, allait fuir à son tour, lorsque la vue du jardinier placé sous les fenêtres, la menace de cet homme au moment où il se disposait à franchir , le forcèrent de rentrer dans la chambre pour y chercher une autre issue où plutôt pour tomber entre les mains de Félix qui le saisit à bras le corps, et, dont en frémissant, Pierre Renaud reconnaît les traits et la voix de Félix qui va le reconnaître et l'accabler d'outrages, d'humiliations, puis le dénoncer sans doute, de Félix qu'il faut tuer pour qu'il ne dise point à sa fille, que son père est un voleur et qu'il frappe aussitôt du fer qu'il réservait à Lessoufflé. Ce crime commis, Pierre forcé de s'évader s'élance armé dans le boudoir, prêt à immoler quiconque s'opposerait à son passage, mais la peur ayant fait fuir Julia et Mariette qui toutes deux ont été chercher un refuge près de la femme du jardinier, Pierre donc, trouve le boudoir, l'escalier déserts, il franchit le tout d'une course rapide, traverse le jardin, escalade la muraille et se jette à travers la campagne en se guidant vers Paris.

VIII

PAUVRES ENFANS

— Allons ne pleure pas comme ça, chère enfant, ton désespoir augmente mon propre chagrin... car enfin, il ne te rendait pas heureuse, c'était un méchant mari que le bon Dieu a puni un peu sévèrement ii est vrai, en permettant qu'il soit tué chez sa maîtresse... Voyons, assez de larmes, sois raisonnable Pauline.

Ainsi disait madame Ganoche en pleurant elle-même, en cherchant à consoler la jeune veuve, qui depuis six jours, qu'on lui avait rapporté le corps de son époux assassiné, n'avait cessé de donner cours au plus violent désespoir.

—Félix, pauvre Félix! périr ainsi, à son âge et d'une mort aussi prompte que funeste! Ah! madame plaignez-le, plaignez-moi, car je ne pourrai survivre à sa perte! disait Pauline le visage baigné de larmes et caché dans le sein de la tante qui la pressait dans ses bras.

— Mourir! plus souvent! il faut vivre ma Pauline, vivre pour me tenir lieu d'enfant, d'amie, pour ne jamais me quitter et me fermer un jour les yeux; puis, pense à ton père, à cet excellent Pierre Renaud, qui, en devenant mon mari, va me faire ta mère, songe combien ta perte lui causerait de chagrin, lui si sensible, qui depuis la mort de son gendre ne sait plus ce qu'il fait, est comme un fou et ne peut plus rester en place. En v'là un, que je dis, qu'est impressionnable et sensible.

—Ma mère! oh! oui, soyez ma mère et que votre tendresse me tienne lieu de l'époux que j'ai perdu!

— Oui, oui, je la serai et je te rendrai heureuse, quoi qu'on en dise sur les belles-mères, je leur prouverai qu'il n'y a pas de règle sans exceptions... A propos n'est pas aujourd'hui qu'a promis de venir nous revoir ce beau garde municipal, ton ancienne connaissance?

— M. Michel? oui ma tante.

— En v'là un bon enfant qu'est obligeant;

quand je pense, comme il s'y est pris délicatement, honnêtement lorsqu'il vint, il y a six jours, nous annoncer la mort de Félix, et nous offrir ses services qui dans cette circonstance nous ont été bien précieux.

— Oh ! c'est un digne homme, un excellent ami, soupire Pauline.

— Qu'il vienne donc ce Michel, au moins il aidera à nous consoler puisque ton père nous abandonne, et puis je ne sais pourquoi, mais ce militaire m'a tout de suite gagné le cœur, avec ses manières affables, sa voix douce et ses grands yeux.

— Silence ! il vient ma tante, je l'entends.

A peine Pauline terminait-elle ces mots, qu'un valet annonça et introduisit Michel dans le salon où étaient assises les deux dames.

— Soyez le bien-venu jeune homme, nous parlions de vous. Eh bien ! quelle nouvelle, la danseuse a-t-elle retrouvé ses diamans et ses voleurs ?

— Ni les uns ni les autres, madame, répond Michel en s'asseyant et fixant sur Pauline un regard où se peignent l'intérêt et la pitié.

— J'espère que la police s'occupe activement de chercher ces malfaiteurs, ces assassins ? reprend madame Ganoche.

— Très activement, madame, reposez-vous sur elle du soin de livrer les coupables à ja justice et du soin de venger votre neveu.

— Hélas ! tout cela ne fera pas revenir ce pauvre Félix ! soupire la tante ; allons, v'là encore que tu pleures Pauline ! Monsieur Michel parlez-lui donc, faites-lui entendre raison à cette folle qui se fera malade à force de se chagriner, ajoute-t-elle en apercevant pauline en larmes.

— N'essayons pas, madame, d'arrêter ces pieuses larmes et laissons au temps le soin d'adoucir une douleur légitime et récente.

— Vous parlez juste, militaire, car moi qui veux empêcher son chagrin, eh bien! je ne peux aussi arrêter mes pleurs, et cependant Dieu sait combien j'avais peu à me louer de ce mauvais sujet de Félix.

— Ah! madame, grâce pour sa mémoire! s'écrie Pauline d'un accent suppliant.

— C'est vrai, ma fille, il ne faut pas médire des morts, reprend la dame en embrassant la jeune veuve.

— Et votre père, Pauline?

— Il est absent.

—Quoi, ne pourrai-je jamais le rencontrer? dit Michel d'un accent où se mêle un peu d'impatience.

—Renaud? oh! ne m'en parlez pas, la mort

de mon neveu l'a presque rendu fou, à peine reste-t-il un instant avec nous, encore est-ce pour s'agiter, soupirer et gronder.

—Cependant je désirerais le voir, lui parler, il le faut absolument !

— Michel, il ne rentrera sans doute pas de la journée, mais venez ce soir, dit Pauline.

— Ce soir, oui ce soir, dites-lui Pauline, qu'il m'attende, qu'il me reçoive, que j'ai à l'entretenir d'une affaire importante.

—Suffit, brigadier, c'est moi qui se charge de la commission.

Encore un long entretien entre nos trois personnages, et Michel prend congé des deux dames après leur avoir fait la promesse de venir passer la soirée avec elles.

C'est vers la demeure de Catherine et de madame Germain que le jeune homme guide ses pas, où il arrive, où dans l'escalier il se trouve face à face avec Pierre Renaud, Pierre Renaud qu'il cherche depuis six jours et qu'il n'a pu rejoindre encore.

En apercevant Michel, le voleur se trouble, paraît être contrarié par cette rencontre imprévue, mais se remettant aussitôt il grimace le sourire et présente à Michel, qui la refuse, une main amicale.

—Qu'avez-vous donc, mon cher brigadier, est-ce que la rencontre d'un ami vous serait désagréable que vous l'abordez avec cet air froid et sévère?

— Enfin vous voilà donc, monsieur, vous que je cherche vainement depuis six jours...

— Bah ! eh ! que ne veniez-vous chez moi ?

— Je m'y suis souvent présenté, mais en vain, répond Michel.

—Je suis désolé de la peine que vous avez prise, et puisque me voici, faites entendre, mon cher Michel ce que vous avez à me dire en vous donnant la peine de monter avec moi jusque chez dame Germain.

— Où vous ferez en sorte, monsieur, que nous puissions nous entretenir seuls, reprend le militaire d'un ton ferme en suivant Pierre Renaud, qui d'un regard inquiet, cherche à pénétrerla pensée de Michel.

—Voyons, de quoi s'agit-ilmonjeune ami? fait Pierre, après s'être enfermé avec le militaire dans la ci-devant chambre de Pauline, et en avoir obtenu la permission de madame Germain occupée dans la pièce précédente à un ouvrage d'aiguille.

— Je veux vous prévenir, Pierre Renaud, dans l'intérêt de vos malheureux enfans, qu'avant-hier votre complice Lessoufflé a été arrêté au moment où il dévalisait le modeste réduit d'une pauvre ouvrière, dit Michel d'une voix sévère en fixant un regard scrutateur sur Pierre, dont, à cette nouvelle le visage pâlit et rougit tour-à-tour.

— Hein? que me contez-vous donc-là, Michel, qu'est-ce Lessoufflé, ce prétendu complice ? interroge le voleur qui maîtrise son effroi le plus possible et affecte le sang-froid, la surprise.

— Ce Lessoufflé est un des voleurs de la bande dont vous êtes le capitaine...

— Michel! vous plaisantez sans doute, oubliez-vous que c'est à Pierre Renaud, au père de Pauline que vous prodiguez en ce moment l'outrage

— Ce Lessoufflé, reprend Michel, sans tenir compte des paroles du voleur, est celui qui vous a secondé dans le vol que vous commîtes il y a six jours, dans une maison sise à Auteuil, chez Julia la danseuse.

— Vous perdez la tête! mon cher Michel, balbutie Renaud plus tremblant que la feuille, mais s'efforçant toujours de faire bonne contenance.

— Malheureux! nierez-vous aussi que vous êtes l'assassin de votre gendre, de Félix de Viguerie! s'écrie Michel d'une voix ferme et imposante, en fixant sur le malfaiteur un regard plein de reproche et de mépris.

— Moi l'assassin de mon gendre? quelle horreur! Michel, mon bon Michel, à quoi pensez-vous, en m'accusant d'un tel crime? De grâce revenez à vous, et ne désespérez pas davantage votre meilleur ami en le traitant comme le dernier des scélérats, répond Pierre d'un accent peiné et suppliant et s'avançant vers Michel comme pour lui prendre la main.

— Arrière misérable! garde-toi de souiller par ton odieux toucher la main d'un honnête homme.

— Michel, Michel! pouvez-vous me traiter avec une telle rigueur? mon ami, mon bon ami! vous êtes dans l'erreur car je suis innocent des crimes dont vous m'accusez, dit le voleur feignant le désespoir et en levant ses yeux, ses mains jointes vers le ciel.

— Pierre Renaud dit Brise-tout!

A ce dernier mot prononcé par le brigadier le voleur frémit de tous ses membres et se voit forcé de chercher un appui sur le dos d'une chaise.

— Ce n'est pas pour sauver un misérable de ta sorte du supplice qui l'attend, que je viens le prévenir, continue Michel, mais bien afin de garantir, s'il est possible, tes malheureux enfans de la honte de voir traîner leur père sur les bancs d'une cour d'assise, de l'entendre flétrir des titres de voleur et d'assassin et monter sur l'échafaud!...

— Michel, Michel! vous me faites frémir! s'écrie Pierre de l'accent du désespoir, en se tordant les bras.

— Pierre Renaud, par pitié pour ton infortunée famille, je te répète que ton complice est arrêté, que cet homme, qui m'a révélé tes crimes, peut d'un instant à l'autre renouveller en présence de la justice les mêmes aveux. Fuis donc, malheureux, car le glaive des lois, est en ce moment peut-être tout prêt à t'atteindre; fuis, te dis-je, et sauve tes enfans de la honte et de l'opprobre

— Mais vous vous trompez, je suis innocent, je ne sais ce que vous voulez dire! Laissez-moi, laissez-moi au nom du ciel! s'écrie Renaud presque fou, en marchant comme un désespéré à travers la chambre.

— Pierre, pitié pour vos enfans! fuyez, ne reparaissez jamais ou vous êtes perdu.

— Laissez-moi, laissez-moi! fait Renaud pour toute réponse, et la tête perdue, il se dirige vers la porte de la chambre, l'ouvre avec précipitation et sans même adresser un mot, un regard à madame Germain, qui, frappée de l'agitation qu'elle remarque en lui, en demande la cause, Renaud donc, traverse l'appartement, gagne la sortie et s'échappe de la maison.

C'est vers la barrière de Ménilmontant, que sans but, il dirige ses pas rapides; le désespoir dans l'âme, la frayeur au cœur et la tête bourrelée de mille pensées sinistres. Que va t-il faire? Fuir, quitter Paris, la France, aller vivre sous un ciel étranger, mais y vivre en honnête homme si ce même ciel permet qu'il atteigne la frontière. Mais ses enfans, ses chers enfans, faut-il donc partir s'éloigner d'eux pour toujours avant de les avoir embrassé une dernière fois? oh non! ce sacrifice est audessus de ses forces, de sa volonté. Oui! encore cet instant de bonheur, tout infâme, tout indigne qu'il est de l'obtenir, il l'implore de la miséricorde divine. Ainsi pense

Pierre Renaud en pleurant, en se poignant le sein avec rage, en courant à travers les champs, en y cherchant la solitude et fuyant tous les regards. Pour lui, s'achève enfin une horrible journée, toute pleine de honte, de remords, de désespoir, c'est à la nuit tombante qu'il quitte le taillis où, pour mieux se livrer à ses douloureuses pensées, il s'est refugié une partie du jour, c'est vers Paris, qu'il marche cette fois et dans l'intention d'aller voir son fils, sa fille et leur prodiguer ses dernières caresses, puis, après qu'il les aura quittés, il retournera chez madame Germain, chez celle dont il regrette aussi de se séparer, qui longtemps servit de mère à ses enfans, là, il reprendra l'écrin qui renferme les diamans de la danseuse, cet écrin, que le lendemain du vol, il courut cacher à l'insu de la vieille dame dans la demeure de cette dernière, sous des malles entassées au fond d'un obscur cabinet et muni de ce riche butin , d'un faux passeport il s'éloignera au plus vîte du théâtre de ses crimes,d'une ville,où il abandonnera avec douleur et pour ne plus les revoir des enfans qui lui sont chers et dont le ciel pour le punir le sépare à jamais.

La neuvième heure du soir sonnait, lorsque Renaud après avoir composé son visage, fit en sorte d'appliquer à ses traits pâles et fatigués une teinte de sérénité, se présenta à l'hôtel de madame Ganoche, se rendit à l'appartement qu'il y occupait et donna ordre à un valet, d'aller prévenir en secret, madame de Viguerie, que son père désirerait l'entretenir un instant en particulier. Quelques instans passés dans la plus vive agitation, à se promener de long en large dans la chambre et Renaud entend les pas de sa fille qui se rend à son invitation.

— Mon père! enfin vous voilà de retour

ah ! qu'il est cruel à vous de se séparer ainsi des journées entières de vos amis, de vos enfans, lorsqu'ils sont dans la douleur et ont tant besoin de vos consolations, dit Pauline, en se jetant dans les bras de Pierre Renaud qui l'enlace, la presse sur son cœur la couvre de larmes et de caresses.

— Oh ciel ! vous pleurez mon père, qu'avez-vous? hélas ! reprend la jeune femme avec inquiétude.

— Beaucoup ! mon enfant, ma Pauline, la douleur d'être forcé de me séparer de toi, de ton frère pour quelque temps.

— Pourquoi ce départ, cette brusque séparation, au moment de conclure une heureuse union?

— Emporté par mes opinions politiques, j'ai pris part aux dernières émeutes, aujourd'hui, dénoncé, poursuivi il me faut pour quelques temps veiller à ma sûreté, quitter la France, répond Renaud avec aplomb.

— Grand Dieu! que m'apprenez-vous? hélas! me faut-il perdre ainsi, coup sur coup, tout ce que j'aime! Restez, restez mon père, et nous veillerons à votre liberté en vous cachant, vous dérobant à toutes les recherches ô mon Dieu que j'étais loin de m'attendre à ce nouveau malheur!

— Pauline, où est ton frère que je le voie, que je l'embrasse aussi?

— Il est au salon, près de nos amis, de madame Ganoche, de Michel...

— Michel ici! exclâme Renaud avee trouble et frayeur.

— Oui, toujours bon, obligeant, il a consenti à venir passer la soirée avec les pauvres affligés. Mon père ne l'instruisez-vous pas de votre malheur, de votre projet de départ, lui, notre meilleur et sincère ami?

— Non, rien, rien à cet homme ? répond vivement Renaud.

— Mon Dieu ! qu'a t-il donc fait pour démériter dans votre confiance.

— Rien ! ne m'interroge pas Pauline et hâte-toi de m'amener Coco, que je le voie, que je l'embrasse, que je parte, car le temps presse et le danger me menace.

— Mon père, mon bon père, ne nous quittez pas, ou permettez à vos enfans de vous suivre.

— Venir avec moi ! non, non ! plus tard il sera peut-être possible de nous réunir si le sort le permet. Ainsi donc Pauline, plus de prières pour me retenir, plus de questions, obéis, va me chercher ton frère; je t'en supplie.

Mais Pauline ne se sentant pas la force d'exécuter cet ordre tombe anéantie sur ue fauteuil où elle donne cours à de nombreux et douloureux sanglots, à d'abondantes larmes.

— Pauline, Pauline! calme-toi, veux-tu donc par la présence de ces pleurs, de cet affreux désespoir, m'oter tout le courage qui m'est nécessaire dans ce cruel moment?

En cet instant un coup violent retentit sur la porte cochère, ce bruit, en parvenant à l'oreille de Renaud le fait tressaillir, quitter sa fille qu'il tenait dans ses bras et courir regarder à la fenêtre donnant sur la cour.

— Ce sont eux, je suis perdu!! s'écrie le voleur eu reculant dans la chambre en la parcourant à grands pas en donnant les marques de la plus vive inquiétude.

— Qu'avez-vous donc mon père s'informe la jeune femme dont la conduite de Pierre excite l'inquiétude et la surprise.

— Perdu! je suis perdu, ils viennent pour m'arrêter, tiens, tiens! regarde dans cette cour, vois ces hommes, ces soldats, c'est moi qu'ils cherchent , qu'ils veulent, qu'ils vont saisir et traîner en prison.

— Fuyez ! fuyez mon père ! s'écrie Pauline effrayée, en entraînant Renaud vers la porte.

— Fuir et comment de quel côté mon Dieu dit le voleur la tête perdue en allant et venant dans la chambre ainsi qu'un insesnée.

— O ciel! que faire , que faire ?.. s'écrie Pauline avec désespoir et en se frappant le front.

Et un bruit de pas qui se fait entendre dans l'escalier, et la voix de madame Ganoche qui s'informe, décident enfin Renaud qui, après avoir donné à sa fille le dernier baiser, se précipite hors de la chambre, gagne le haut de l'escalier, s'élance sur les toits, glisse, se retient après une cheminée, reprend sa course, saute d'une maison sur l'autre, s'enfonce dans une lucarne à la grande frayeur de Pauline, qui a essayé de le suivre, et de loin le voit disparaître et le croyant tombé dans la rue, pousse un cri affreux et s'évanouit.

— Que demandez-vous messieurs? s'informa en bas la maîtresse de la maison à cinq ou six hommes à figures pâtibulaires qui, sans nulle façon, venaient de pénétrer dans ses appartemens après avoir échelonné des sentinelles de la cour à l'antichamrre.

— Le nommé Pierre Renaud, dit le marchand forain, dit Brise-tout, reprend un de ces hommes qu'à son écharpe on reconnaît pour un commissaire de police.

— Il n'est point encore rentré, messieurs est-ce quelque chose qu'on puisse lui dire? reprend madame Ganoche inquiète et surprise de tout cet appareil et en ouvrant de grands yeux.

— Cependant madame, on l'a vu entrer en cette maison il y a une demi-heure au plus.

— Alors messieurs je l'ignore, Victor voyez si monsieur Pierre Renaud est chez lui et avertissez-le qu'on le demande, dit madame Ganoche à un valet.

— Suivez cet homme et faites perquisition du haut en bas de cette maison, commande d'un ton sévère le commissaire à ses argousins.

— Ah çà Michel, devinez-vous ce que tout cela signifie? demande la dame en se retournant vers le jeune brigadier qui l'a suivie.

— Hélas! madame, je ne le devine que trop pour votre repos et celui de beaucoup d'autres.

— Aça mais expliquez-vous donc, car tout ça commence à me faire monter la moutarde au nez, reprend madame Ganoche rouge comme cerise, et frappant du pied

— Tout cela signifie madame, que sans

vous en douter, vous donnez asîle depuis plusieurs mois au plus insigne voleur, à l'assassin de votre neveu, fait entendre le commissaire.

— Par exemple! que dites-vous là, commissaire, que Pierre Renaud est un voleur?

— De profession et chef d'une bande que la police cherche et poursuit depuis longtemps.

— Mille Dieux! je commence à trembler! Dites-donc Michel, vous ne saviez donc pas çà? dit la dame au jeune homme qui, consterné et plus pâle que la mort se tenait derrière elle en silence.

— Pensez-vous madame qu'il en soit autrement?

— Mais c'est impossible! on aura fait une fausse dénonciation; il y a erreur! quoi Pierre Renaud que jusqu'à ce jour j'ai regardé comme la crême des honnêtes gens, Pierre

Renaud dont j'allais faire mon mari, Pierre Renaud le père de la femme de mon neveu, de Pauline, ne serait rien moins qu'un voleur, un assassin! mais c'est horrible! affreux! où diable me suis-je fourrée en m'affublant de semblable monde?... Mais monsieur le commissaire, qui donc a dénoncé ce malheureux?..

— Un de ces complices, le nommé Lessoufflé arrêté il y a trois jours, lequel a fait connaître Pierre Renaud comme chef de la bande dont il fait partie, plus cet homme a avoué qu'il était ainsi que le nommé Pierre Renaud, les auteurs d'un vol de trois cents mille francs, qui, à votre préjudice, se fit en votre hôtel, il y a plusieurs mois; de s'être de même rendu coupable d'un autre vol et d'un assassinat qui viennent d'être commis à Auteuil.

— En v'là du beau! A ce que j'entrevois le coquin à doté sa fille avec mon argent...

Monsieur, pas de grâce ni de pitié pour un semblable scélérat, un insigne voleur qui avait l'audace de vouloir devenir mon mari, un pendard qui a eu l'effronterie de marier sa fille avec le garçon d'une honnête famille! Non, pas de grâce. Cherchez, cherchez je vais donner ordre qu'on vous seconde, et vous faire ouvrir de la cave au grenier! hardi! empoignez-moi ce misérable! dit avec une volubilité effrayante, dans son affreux transport de colère, dame Ganoche se démenant ni plus ni moins qu'une énergumène; puis, se retournant subitement vers Michel, resté debout, immobile et la douleur empreinte sur les traits. Et vous brigadier, dit-elle, allez-vous rester ainsi planté comme un mai, sans prêter main-forte à la justice! Allons, allons mon garçon, il faut se remuer un peu, faire preuve que, quoi que vous ayez été jusqu'alors l'ami de toute cette canaille de famille vous n'en approuvez pas les vices.

— Madame, pitié pour l'épouse innocente de votre neveu, murmure Michel.

— Pitié pour la fille d'un voleur, de l'assassin de mon neveu? Allons donc! hors d'ici toute cette clique, hors d'ici le frère et la sœur.

— Comme la dame prononçait ces derniers mots, rentraient dans la pièce où se passaient et se disaient ces choses, les gens de la police, ils venaient rendre compte au commissaire de l'infructuosité de leurs reches.

— Voyez-vous, le gueux est parvenu à s'échapper! s'écrie madame Ganoche, puis ajoutant : Quoi n'aurai-je pas le plaisir de le voir monter sur l'échafaud! Et cela dit, elle se laisse tomber dans un fauteuil dont avec force elle frappe les accotoires de ses deux poings.

Le commissaire dresse son procès-verbal, fait signer les témoins et se retire avec sa suite.

— A-t-on jamais entendu parler de plus atroce aventure ! reprend madame Ganoche restée seule avec Michel.

— Madame, calmez votre indignation, et fidèle à l'indulgence, à la justice, gardez-vous de rendre les malheureux enfans responsables des fautes de leur père ; pitié pour eux madame ! dit Michel d'une voix douce et suppliante.

—Ces enfans ! je les maudis, je les chasse ! s'écrie la dame avec force et fureur.

Alors, la porte s'ouvre et Pauline échevelée, les yeux baignés de pleurs, la honte sur le front, vient se précipiter aux genoux de la tante en s'écriant :

— Grâce! grâce pour le père et les enfans.

— Va-t-en, malheureuse! va-t-en! fuis loin de cette maison, et garde-toi d'y remettre jamais les pieds! répond madame Ganoche en repoussant Pauline, et détournant les yeux pour ne point la voir.

— Madame, voulez-vous donc me faire expirer à vos pieds de honte et de douleur! Ah! ne m'accablez pas de votre mépris. Oui l'affreuse vérité vient de m'être dévoilée, mon sort est affreux, je dois mourir, mourir afin d'échapper à l'infamie; mais au moins, que dans la tombe je n'emporte point votre malédictiou.

Pour toute réponse à ces paroles suppliantes, l'ex-vivandière agite avec force le cordon d'une sonnette au bruit de laquelle accourent deux valets.

— Où est le frère de cette femme? s'informe-t-elle d'une voix sévère.

— Dans le salon, endormi sur le siége où vous l'avez laissé, madame.

— Qu'on le réveille, et que sa sœur et lui, soient à l'instant chassés de cette maison.

Cela dit, madame Ganoche quitte le siége qu'elle occupe, repousse Pauline gisante à ses pieds, et s'éloigne en silence d'un pas rapide.

— Michel, Michel! qne de honte, d'infamie! suis-je assez malheureuse? s'écrie Pauline en sanglottant et levant sur le jeune homme qui lui tend une main amie et secourable, un regard de douleur.

— Venez Pauline, éloignons-nous, votre mère adoptive vous tend les bras, vous attend, vous appelle. Venez sans crainte, car en elle, en Michel, il vous reste des amis qui vous estiment, qui vous chérissent et veilleront sans cesse sur votre bonheur.

— Oh! mon père! mon père qu'avez-vous fait? pourquoi faut-il que désormais vos enfans vous mésestiment et rougissent de vous devoir l'existence? soupire Pauline que Michel relève et soutient dans ses bras. Oh! mon ami, que ma mère adoptive, ignore s'il se peut la honte qui nous assaille, l'affreuse conduite de notre père, car elle aussi peut-être chasserait les enfans du voleur.

Comme Pauline terminait ses mots, entrait Coco encore tout endormi, baillant, se frottant les yeux et grondant le valet qui venait de l'éveiller.

— Fichtre! je dormais joliment tout de même; à çà est-ce qu'il est l'heure d'aller se mettre au lit?... Tiens qu'avez-vous donc vous autres, qu'est-il arrivé, contez-moi donc çà?

— Suis-nous , on t'instruira plus tard , dit Michel au jeune homme.

— Vous suivre à cette heure, près de minuit, plus souvent ! j'aime bien mieux aller me coucher, bonsoir.

— Madame m'envoie vous dire de quitter ces lieux à l'instant même, vient faire entendre une chambrière.

— De quoi! à qui parle-t-on,à nous? ah ! par exemple! s'écrie Coco.

— Octave, suivez-nous, dit Michel prenant le bras du jeune hommo et l'entraînant tandis que de l'autre il soutient la faible Pauline qui,dans ses mains cache son visage, sa honte et ses larmes.

Un valet les accompagne par ordre de sa maîtresse jusqu'à la porte de l'hôtel qu'il referme aussitôt sur eux, avec fracas.

— Eh bien ! en v'là une manière honnête de congédier les gens ! Le diable m'emporte si je sais ce que tout cela veut dire, murmure Coco en suivant à travers la rue sombre et déserte, Michel et sa sœur.

IX

LE COLONEL.

— Salut colonel !

— Ah ! c'est toi Michel, tu fais bien d'arriver car j'ai à te gronder, une foule de reproches à t'adresser de la part de certaine jolie femme dont tu devines le nom tout de suite sans doute? Voyons original, être froid, inconcevable, peux-tu me dire si tu as perdu la tête oui ou non, pour négliger ainsi que tu le fais, depuis quelques jours, ta jolie fiancée la baronne Amélie de Valberg?

— Hélas! colonel, vous voyez en moi un homme fort embarrassé pour s'excuser et vous expliquer le sujet de la démarche, qui en ce moment l'amène près de vous.

— Hein! singulier début! sachons de quoi il s'agit, parle Michel, je t'écoute.

— Colonel, vous connaissez le roman de ma vie?...

— Un peu.

— Vous avez entendu parler d'un amour qui longtemps fit mon tourment?

— Oui, une petite femme que tu aimais comme un fou et qui, pour te récompenser de ton amour, se maria à un autre.

—Eh bien! colonel, cette femme est veuve aujourd'hui.

— Ah! qu'elle se remarie.

— Elle est malheureuse.

—C'est fâcheux! mais où veux-tu en venir avec tout cela?

— Vous apprendre, mon colonel, que je l'aime encore, que je ne puis épouser la baronne de Valberg, termine Michel avec timidité et en baissant les yeux.

—Mille canons! voilà une étrange nouvelle! s'écrie le colonel en se levant précipitamment et bousculant la table couverte de papiers devant laquelle il est assis. Michel, ajoute-t-il d'un accent colère, ceci est une plaisanterie sans doute, et je ne pense pas, monsieur, qu'un honnête homme ait deux paroles. Vous avez accepté la main de la baronne de Valberg, la fille de mon ami; ce mariage vous honore, vous enrichit, vous ne pouvez donc le rompre sans faire aux Norbert, à moi-même, une injure impardonnable, une folie complète. Réfléchissez Michel, réfléchissez!

— Colonel, par vos justes reproches n'augmentez pas ma honte, mon embarras: mais je vous le répète, je ne puis désormais devenir l'époux d'une autre que de Pauline Re.... Germain, reprend Michel.

— Ainsi, monsieur, d'après ce nouveau caprice, c'est moi que vous chargez de porter un refus humiliant à une femme qui, reconnaissant en vous quelques bonnes qualités, consentait à descendre du haut rang où la naissance l'a placée pour devenir l'épouse d'un obscur soldat et le combler de sa fortune? Merci de la commission, chargez vous de la faire vous même.

— Colonel, je n'oserai jamais.

— Donc, que vous en sentez tout le désagrément et combien elle procurera d'humiliation à celle que vous refusez aussi brutalement. A çà, mais cette Pauline est donc un chef-d'œuvre de chair, de perfection pour vous avoir captivé à ce point ?

— Colonel, je l'aime ; plus, des malheurs survenus dans sa famille, la mort de son époux, la laissent sans soutien, sans amis, sans protecteur.

— Et vous prétendez lui tenir lieu de tout cela ?

— Du moins je m'efforcerai.

— Cette femme a-t-elle de l'argent ?

— Assez pour être l'épouse d'un soldat.

— Oui, quelques cents francs ; Michel, mon cher Michel, vous que je crois un homme sage et prudent, gardez-vous de sacrifier le mariage brillant qui vous est offert, à un sot caprice, une amourette ridicule, et de vous préparer des regrets superflus. Songez Michel, qu'il sagit pour vous de choisir en ce jour entre un avenir de considération, de fortune, et un autre tout plein de trbulations, de misères peut-être.

— La misère ! oh ! jamais, mon colonel car Michel sent là, qu'il est courageux, qu'il sera toujours honnête homme? s'écrie le brigadier avec force et noblesse.

— Je n'en doute pas Michel, mais qui peut répondre des événemens ?

— N'importe ! je n'en persiste pas moins dans les intentions que je viens de vous exprimer. Non colonel, je ne puis être l'époux de la baronne Amélie, dont la vertu, la générosité méritent d'être récompensées par le don d'un cœur entièrement dévoué.

— Et vous refuserez décidément, monsieur, d'aller vous même présenter vos excuses et retirer votre parole.

— Si vous refusez, colonel, de me rendre

ce service, il faudra bien que je surmonte ma honte.

— J'irai monsieur, j'irai! car enfin ce sont mes amis que votre refus va humilier peut-être ; il faut bien que je sois là pour les consoler , pour remonter cette noble fierté que va froisser douloureusement la nouvelle de votre ingratitude.

— Au nom du ciel, colonel, ne m'accablez pas, prenez pitié de ma faiblesse où plutôt de cet excès de sensibilité qui me pousse à me sacrifier pour une amie dans le malheur, s'écrie Michel attendri et les larmes aux yeux.

— Michel, mon brave Michel , ne t'affecte pas ainsi, tout ce que je t'en dis, vois-tu mon brave, eh bien! c'est que je bisque, j'enrage de te voir manquer en ce jour, une occasion qui ne se représentera jamais, celle d'avoir d'un seul coup une femme belle, noble et une immense fortune; puis, encore, d'aller démolir moi-même l'échafaudage que j'avais élevé pour ton bonheur, et avec tant de plaisir, mais enfin, puisque tu es un fou, que tu préfères absolument ta première maîtresse à la baronne, il faut te laisser faire.

— Colonel, assurez-moi que je ne perdrai rien de votre estime.

— Au contraire, tout furieux que je suis contre toi, je t'admire et te proclame l'homme par excellence. A çà, dis moi, ajoute le colonel en continuant de presser la main du brigadier qu'il a prise dans la sienne, faut-il encore envoyer ta démission ainsi que nous en étions convenus?

— Inutile, colonel, car n'épousant pas une baronne, je veux rester soldat et toujours servir sous vos ordres.

— Très bien! Michel, voilà du moins un

peu de consolation pour moi, parmi tout le mal que tu me fais.

— Ainsi donc, Colonel, je puis compter que vous plaiderez ma cause près de la baronne, et de son respectable père? oh! dites-leur combien je regrette tout le bonheur que je perds en repoussant leurs bienfaits, combien j'apprécie tout l'honneur dont ils daignaient me combler, dites-leur que mon amitié, ma reconnaissance entière leur sont acquises pour la vie.

— Assez, assez! car je doute que toutes ces belles paroles puissent calmer le regret que va faire naître en eux, le refus, que tu fais de leur alliance. Amélie, surtout qui, à ce que je me suis aperçu, s'est éprise pour toi d'une passion vraiment sérieuse. Enfin, n'importe! et puisque la journée m'appartient, je vais à l'instant même courir chez Norbert terminer cette affaire.

Quelques mots encore et les deux causeurs se séparent; Michel pour se rendre chez madame Germain où Pauline demeure de nouveau depuis trois jours, et le colonel pour aller faire une visite au baron et à sa fille qu'il trouve seuls et la tristesse empreinte sur le charmant visage d'Amélie.

— Oui, je te le répète Amélie, il y a honte faiblesse impardonnable de donner un regret à la perte de ce Michel qui, méconnaissant nos bienfaits, te délaisse pour devenir le consolateur, l'amant, l'époux sans doute! d'une fille de rien, d'une femme déshonorée, disait le baron fort animé, le visage coloré par l'indignation en se promenant à grands pas dans le salon et s'adressant ainsi à sa fille, lors de l'arrivée du colonel.

— Eh bien! qu'y a-t-il donc? on se reproche, on se fâche ici, voilà du nouveau.

— Ah, ah! c'est vous, colonel, vous arrivez fort à propos pour recevoir nos complimens sur la belle conduite de votre protégé, reprend le baron en allant au devant du militaire.

— Comment, est-ce que ma commission serait faite, est-ce que vous sauriez?...

— Tout colonel, que Michel, oubliant la bienséance, ce qu'il doit à des amis tels que nous, à ma fille, nous délaisse pour ne plus s'occuper que de la veuve de ce pauvre Félix de Viguerie, mort assassiné chez une danseuse de l'Opéra, par la main de son beau-père.

— A ça, Norbert, que me contez-vous là? quoi, le père de madame de Viguerie a assassiné son gendre?

— Comme je vous le dis, cette histoire est affreuse, car cet homme n'est autre qu'un voleur de profession qui, pour doter sa fille, a volé la dot de Félix de Viguerie dans le secrétaire de la tante du jeune homme après avoir fractionné les portes et les meubles.

— Et il a doté, dites-vous, sa fille avec l'argent appartenant à son gendre? mais voilà qui est extrêmement original, fait le colonel en riant aux éclats. Puis, reprenant son sérieux en apercevant la figure sévère de la jeune baronne. Ah! pardon, pardon! dit-il, de cette hilarité maladroite et veuillez continuer le récit de vos griefs, mon cher Norbert. Ainsi donc, Michel revenant à ses anciennes amours en voyant madame de Viguerie veuve, oublie qu'ici il a engagé sa foi. Mais ce jeune homme est un fou, car la fille d'un malfaiteur, d'un homicide que réclament les lois, ne peut devenir l'épouse d'un honnête homme, faut qu'il renonce à cette femme, qu'il revienne à vous.

— Ah! colonel, vous si juste, si généreux vous voulez aujourd'hui rendre une pauvre fille, responsable des fautes de son père ! dit Amélie de l'accent du reproche.

— La chose n'est pas des plus justes, je le sais, mais il faut sacrifier à l'opinion, elle est la reine du monde, or donc, je blâme fort la faiblesse de Michel et compte le ramener à la raison.

— Non, colonel, n'essayez pas ; car cette conduite de la part de Michel, est encore chez lui un excès de vertu. Il aimait cette Pauline de toute la force de son âme, il la perdit et la regretta longtemps, aujourd'hu il la retrouve encore belle, douce et vertueuse, mais pauvre, honteuse, repoussée de la société pour les crimes de son pèr e Alors, lui bon, sensible et généreux se fait son ami, son soutien, son protecteur et pour remplir ce rôle, il renonce au brillant hymen qui allait l'enrichir à jamais. Répondez maintenant, colonel, trouve-t-on souvent un cœur de la sorte ? et ne doit-on regretter vivement, ainsi que je le fais, la perte, l'abandon de celui qui le possède ? dit Amélie avec sensibilité.

— Il est vrai qu'il y a du beau dans la conduite de Michel, mais c'est égal, on ne renonce pas à la possession d'une femme telle que vous, charmante baronne, pour se faire l'amant, le serviteur de la fille d'un infâme voleur. Il y a folie, extravagance dans ce fait! s'écrie le colonel avec feu.

— Encore, si Michel, au lieu de rompre impoliment avec nous, avait daigné nous prévenir, nous expliquer la raison de son brusque éloignement, employer des formes polies au moins.

— Un instant cher Norbert, ne le faisons pas plus fautif qu'il est ; car, tel que vous me voyez, je suis député près de vous de sa part, afin de retirer sa parole et vous donner pour excuse mille raisons qu'il croit excellentes et qui ne sont autres que celles que madame la baronne vient de faire entendre en sa faveur.

— N'importe colonel, vous avoûrez avec moi qu'il est cruel, humiliant, de voir rejeter une alliance avec des gens comme nous, par un homme que l'on croyait honorer, un soldat, un bâtard !

— Ah ! mon père ! j'ai peine à reconnaître votre noblesse d'âme, votre générosité, dans les paroles humiliantes que vous venez de prononcer, fait Amélie avec tristesse.

— En effet Norbert, ceci sent l'aristocratie, le baron allemand à dix-sept quartiers.

— Que voulez-vous, mes amis, je me sens tellement humilié que le dépit m'emporte. J'ai tort, je le sais, excusez-moi.

— A ça, mais qui donc vous a aussi bien mis au courant de toutes ces choses, de cette histoire de voleurs, de la conduite de Michel? s'informe le colonel.

— Madame Ganoche, à qui mon père et moi, nous fîmes une visite après avoir appris la mort de monsieur Félix de Viguerie son neveu, et cela, dans l'espoir de trouver près de cette dame, une veuve éplorée à qui je comptais offrir mon amitié et mes consolations, et dont le sort, les vertus, tant vantés par Michel, m'inspiraient une tendre pitié.

— Et vous n'y trouvâtes pas cette Pauline? s'informe le colonel.

— Non, car la tante de son mari l'avait chassée de son hôtel, répond monsieur de Norbert.

— Où donc alors son preux chevalier a t-il conduit cette malheureuse!

— Chez une vieille dame nommée Germain, laquelle tint longtemps lieu de mère à Pauline, et qui, dans le malheur la recueillit avec joie et tendresse. C'est chez cette bonne et sensible femme que j'espère bientôt, aller connaître madame de Viguerie et lui prouver qu'il est encore des cœurs justes, exempts de prévention et disposés à l'aimer si elle est vraiment ce que Michel se plaisait tant à la dépeindre, dit Amélie à la grande surprise de ses deux auditeurs.

— Tu auras tort Amélie en agissant ainsi; car près d'elle tu rencontreras sans doute Michel, et cet homme pourrait croire que ta démarche n'est autre que le désir de te rapprocher de lui.

— Michel, n'a point démérité dans mon estime, mon père; tout en regrettant sa perte j'approuve sa constance, j'admire la force de son amitié et je dis , bienheureuse la femme qui a su se faire aimer d'un tel homme !

— Et moi, charmante baronne, je dis, heureux, cent fois heureux l'homme qui possedera dans votre gracieuse personne, indulgence vertus et bonté ! s'écrie avec ivresse le colonel.

Amélie, d'un sourire mélancolique remercie le colonel de ses flatteuses paroles, puis, après avoir reclamé la permission de se retirer chez elle, salue et disparaît.

X

INCIDENTS DIVERS

Ce fut donc chez madame Germain, comme on vient de l'apprendre dans le chapitre précédent, que Michel conduisit Pauline et Coco après qu'ils eurent été chassés par la dame Ganoche; chez madame Germain, qui les reçut avec bonheur et tendresse. Ce fut aussi dans son ancienne chambre que Pauline courut s'enfermer presque aussitôt, afin de pouvoir s'y livrer sans témoins à tout l'excès de son désespoir, laissant Michel et son frère avec la vieille dame, curieuse de connaître le motif d'un retour dont elle se sentait satisfaite, mais dont elle ne savait à quoi attribuer la cause; elle, qui félicitait intérieurement Pauline de la perte d'un méchant mari et croyait la veuve heureuse, près de la tante de son époux.

Malgré son respect pour la vérité, Michel, afin de cacher à la dame, l'affreux drame qui venait de se dérouler, et voulant lui faire un mystère des crimes de Pierre Renaud, Michel donc, raconta le lendemain à la vieille dame, que le père de Pauline poursuivi, près d'être arrêté pour délit politique, n'avait eu autre parti à prendre que celui de la fuite;

que madame Ganoche, mécontente de ce départ, et voyant son mariage manqué, avait manifesté le désir de rompre brusquement avec le père et les enfans et de plus signifié à Pauline qu'elle eût à quitter aussitôt son hôtel.

— Ah! la vilaine femme! c'est tout au plus si l'on agirait aussi brutalement avec des malhonnêtes gens dont on aurait à se plaindre, avait répondu madame Germain indignée de la conduite de la tante; puis, reprenant: dans tout cela, il est facile de chasser les gens de chez soi lorsqu'il ne vous conviennent plus, mais on doit néanmoins restituer ce qui leur appartient et grâce à Dieu il revient à Pauline, non seulement une belle et riche dot, mais encore la fortune de son mari, puis, un magnifique mobilier dont la mort de son époux, celle de son enfant la rendent héritière.

— Oui, les choses devraient être ainsi, chère dame, répondit Michel, mais le mari non seulement a dissipé sa fortune et en plus la dot de sa femme à qui il n'a laissé que des dettes énormes, que le produit de la vente du mobilier sera loin de couvrir.

— Hélas! ma chère Pauline n'a donc plus rien ?

— Plus rien ! répond Michel.

— O ciel ! mais, son père en partant ne lui a-il pas indiqué quelque ressources?

— Aucune.

— Mon Dieu ! qu'allons-nous devenir? les six cents francs de rente viagère que possède la vieille Germain, suffiront-elles pour subvenir aux besoins de ces pauvres enfans;

— Calmez cette inquiétude, bonne dame car Pauline, par son travail, son courage, saura éloigner d'elle et de son frère l'importune misère.

— Travailler, elle, travailler! après avoir connu et vécu dans l'opulence! Dites Michel, qu'est-ce qui se serait jamais douté que Pierre Renaud se mêlait de politique au point de se compromettre?

— En effet! cet homme nous a indignement trompé! dit le jeune homme tristement.

— En partant, Pierre a-t-il promis de donner de ses nouvelles, de nous faire connaitre l'asîle qu'il aura choisi?

— Non, répondit encore Michel qui, pour échapper à de nouvelles questions, prit aussitôt congé de la vieille dame sous prétexte que son service réclamait sa présence et après avoir annoncé sa visite pour le soir.

Plusieurs jours se sont écoulés depuis les derniers événemens qu'on vient de lire, durant lesquels Pauline, sous le poids de vives souffrances n'a presque pas quitté le lit; durant lesquels encore, Michel alarmé de l'état de celle qu'il aime, lui a consacré tout le temps que son devoir de soldat ne lui a pas employé.

Douces consolations, le tableau d'un riant avenir, protestations d'une amitié, d'un zèle toute épreuve ont été prodiguées par le jeune brigadier pour calmer le chagrin, la honte dont Pauline est dévorée. Plus, Michel inquiet de l'avenir de Coco, sentant l'absolue nécessité de donner au plutôt un état à cet enfant, l'a placé lui même en apprentissage chez un bijoutier de ses amis, apprentissage déjà commencé par Coco et qu'il a promisde terminer cette fois à la grande satisfaction de tout le monde. Michel, l'obligeant Michel, a encore, à l'insu de Pauline, fait une visite à madame Ganoche, mais c'est en vain qu'il a tout employé pour justifier l'innocente veuve aux yeux de la dame, qu'il a tout fait pour ramener l'ex-vivandière, à des sentimens plus humains envers Pauline, madame Ganoche est demeurée sourde, impitoyable. Jamais, a-t-elle répondu, elle ne s'intéressera ni ne reverra la fille du voleur, qu'un neveu imprudent lui imposa pour nièce, alliance, dont elle rougit jusqu'au fond de l'ame et de laquelle le souvenir fera sa honte éternelle.

— Quand à vous, beau brigadier, a-t-elle ajouté, jespère pour votre honneur, votre réputation, que vous vous empresserez de rompre avec toute cette canaille dont la fréquentation ne pourra que vous compromettre?

— Comme la justice, le bon-sens me défendent de rendre les enfans responsables des fautes de leur père, comme en eux, je ne reconnais que vertu, et loyauté, je me garderai fort, madame, de suivre vos conseils; jamais je n'ai abandonné mes amis dans le malheur.

— Jeune homme, vous êtes un sot en quatre mots, car le bruit court que, dans l'espoir d'épouser un jour l'indigne veuve de mon neveu, vous refusez en ce moment un superbe parti; bêtise mon cher, archi-bêtise! entendez-vous! Beau et honorable mariage ma foi! que vous contracterez-là; oui, l'honneur sera grand pour vous, le jour où en qualité de garde municipal, vous escorterez votre beau-père à l'échafaud.

— Ah! madame! quel affreux pronostic!

—De quoi! est-ce que telle n'est pas la fin d'un voleur, d'un assassin? Croyez-moi Michel, suivez les conseils que vous dicte l'estime que vous m'avez inspiré, éloignez-vous de ces Renaud, car il y a du sang et de la fatalité chez ces gens-là; puis, allez demander grâce à la jolie baronne Amélie qui, dit-on, vous aime et que votre conduite a rendue chagrine; alors, revenez me voir Michel, après que vous aurez obtenu un pardon de la baronne de Valberg, revenez me voir, vous dis-je, car je me sens toute disposée en votre faveur, et je n'ai plus d'héritier, or donc! pourquoi ne laisserais-je pas ma fortune à un brave et joli garçon?

— Rien pour moi, madame, seulement un peu de pitié pour celle dont j'ai plaidé la cause près de vous.

— Ne m'en parlez plus, brigadier ne m'en parlez plus, et répondez! suivrez-vous, oui ou non, mes conseils?

— Je vous répondrai donc pour la seconde fois, madame, que je n'ai pas pour habitude d'abandonner mes amis lorsqu'ils sont dans le malheur.

— Suffit! brigadier; vous pouvez vous retirer et surtout, n'oubliez pas que ma porte vous est à jamais fermée.

— Adieu donc, madame, et cela dit Michel se retira confus et la douleur dans l'ame.

Maintenant, revenons à Pauline dont nous allions nous entretenir dès le commencement de ce chapitre et de qui, les derniers détails nous ont éloignés.

Le lendemain du jour où le colonel de la garde municipale fut faire une visite aux Norbert, Pauline se sentant un peu plus de force, avait demandé à se lever et assise ainsi que madame Germain, près d'une croisée la jeune veuve s'occupait silencieusement d'un ouvrage à l'aiguille lorsque le bruit de la sonnette annonça une visite.

La vieille dame, selon son habitude, courut ouvrir la porte, et s'empressa de saluer avec surprise l'élégante et jolie femme qui, d'une voix douce, s'informait si c'était bien ici la demeure de madame veuve de Viguerie.

— Ici même, madame.

— Veuillez donc lui annoncer la baronne de Valberg.

— Entrez, entrez madame la baronne ; quoique n'ayant l'honneur de vous connaître que de réputation, Pauline sera enchantée de vous recevoir.

Et Amélie, introduite par la vieille dame, salua la jeune veuve, courut à elle et lui prenant les mains dans les siennes avec bonté et intérêt :

— Je connais vos malheurs, lui dit-elle, je vous plains, vous estime et viens à vous en ces jours de douleur vous offrir mon amitié, ma protection.

—Hélas! qui donc êtes vous madame, pour vous intéresser avec tant de générosité au sort d'une infortunée? dit Pauline, en levant sur la dame un œil timide et mouillé par les larmes.

—Amélie de Valberg, une amie de Michel,

répond la baronne en déposant une caresse sur le front de Pauline ; puis, s'adressant à madame Germain : Et vous vénérable dame, vous, dont notre ami commun s'est plu à me vanter les excellentes qualités, daignerez-vous aussi accepter l'estime, l'amitié d'Amélie?

— Michel! Michel! oh! je reconnais tout de suite son ouvrage lorsqu'il nous vient un bonheur, répond la vieille dame d'une voix émue les larmes aux yeux, en s'emparant et pressant la main que lui tend la jeune baronne.

Comme il est vrai que les infortunés ouvrent facilement leur cœur à la confiance, le pacte d'amitié fut aussitôt conclu entre les trois dames dont l'entretien intime se prolongea fort avant dans la journée, enfin jusqu'à l'heure à laquelle, Michel avait coutume de se rendre près de Pauline, visite bien douce au cœur de cette dernière, toute pleine de consolations et attendue par elle avec la plus vive impatience.

Michel se présente et recule de surprise en reconnaissant la baronne de Valberg dans la femme qui, assise près, tout près de Pauline dont elle tient la main dans la sienne, sourit à son approche. Michel donc embarrassé, interdit par cette rencontre imprévue, n'ose plus avancer, il balbutie quelques mots inintelligibles, et ne se remet de son trouble que lorsque la voix d'Amélie, toujours gracieuse et amicale, l'invite à venir s'asseoir près d'elle et de Pauline.

— Vous n'espériez pas mon ami, me trouver ici? reprend la baronne.

— Non madame, et cependant j'en suis peu surpris car, où il y a des larmes à sécher, des infortunés à consoler on est toujours certain de vous y rencontrer.

Amélie, sourit mélancoliquement à ces mots flatteurs puis elle dit :

— Michel, vous arrivez à propos mon ami, pour m'aider à décider ces dames, qui refusent de venir habiter avec moi l'hôtel de mon père où elles seraient beaucoup plus à l'aise que dans ce réduit étroit, et arrachées à leur solitude, elles trouveraient, près d'amis sincères, quelques distractions à leurs peines.

— Permettez que je garde la neutralité en cette circonstance, madame, désireux que je suis de laisser madame de Viguerie, maîtresse absolue de sa volonté.

— Quoi, Michel vous me refuserez votre intercession auprès de ces dames ?

— En cela madame la baronne, je ne fais que respecter la décision arrêtée entre elles hier soir, et que des circonstances qui ne vous sont peut-être pas inconnues, me forcent d'approuver entièrement celle enfin, de quitter Paris pour quelques temps.

— Cependant, Michel, après avoir réfléchi mûrement, je ne vois pas maintenant la nécessité de vous éloigner de Paris, où certainement on ne peut inquiéter les enfans de Pierre Renaud, pour l'opinion politique de leur père, fait entendre madame Germain.

— La santé de Pauline exige un air plus pur que celui qu'elle respire à Paris, répond Michel.

— Vous avez raison Michel, et tout bien réfléchi, je pense qu'un séjour à la terre, dont j'ai fait acquisition, serait parfaitement convenable à Pauline, que j'y accompagnerai, à qui je ferai société, décidée que je suis, d'aller avec mon père habiter la campagne. Pauline, indécise si elle acceptera cette offre obligeante, fixe Michel en cherchant à lire dans ses yeux la réponse qu'elle doit faire.

— Acceptez Pauline, un peu de calme, de repos vous sont nécessaires,. où pourrez-vous mieux le goûter qu'auprès de madame la baronne dont l'amitié, qu'elle vous témoigne paraît si vive et si tendre? Encore un long entretien où il est définitivement convenu que madame Germain et Pauline quitteront Paris dans huit jours pour aller habiter la terre de la baronne; et Amélie, voyant la nuit s'approcher se dispose à prendre congé des deux dames pour retourner chez elle calmer l'inquiétude où sa longue absence doit placer son père.

Michel, quoique sentant l'embarras d'un tête-à-tête avec la baronne ne peut se dispenser de s'offrir pour l'accompagner ce qu'accepte la jeune femme en rougissant. Ils partent : Michel offre son bras à la baronne, qui l'accepte et le jeune homme en recevant celui de la jolie femme, le sent frémir sous le sien. Michel propose une voiture, car la course est longue du boulevard du Temple à la Madeleine, mais Amélie préfère marcher, la soirée étant belle et tiède. Michel et Amélie descendent donc le boulevard d'un pas lent, ils ont atteint le Chateau-d'Eau que le jeune brigadier n'a encore osé adresser la parole à sa compagne qui, elle-même timide et embarrassée garde un profond silence. Cependant le trajet ne peut s'achever ainsi : ce silence de la part de Michel, prolongé plus long-temps deviendrait une insulte.

Michel a beaucoup à dire, mais il ne sait comment entamer l'entretien. Enfin, il se décide mais non sans trembler sans que sa voix ne se ressente de son émotion.

— Ma surprise, ma joie ont été grandes, madame de vous rencontrer chez madame de Viguerie dont je vous ai parlé souvent, il est vrai, mais dont j'ignorais que vous connussiez la nouvelle demeure, la triste position.

— Une visite que mon père et moi fîmes à madame Ganoche, ces jours derniers, nous instruisit des malheurs de Pauline, du refuge qu'elle a trouvé près de sa mère adoptive.

— Ainsi, madame, vous connaissez toute l'étendue de ses maux, la honte affreuse qui pèse sur elle et votre âme noble et généreuse. dépourvue de préjugés, vous a tout de suite poussée à porter des consolations à une infortunée.

— Oui, Michel; sachant Pauline repoussée et abandonnée de tous. hors d'un seul ami, j'ai voulu m'associer à la bienfaisance de ce dernier, à la vôtre enfin! j'ai voulu voir, connaître cette femme, capable d'inspirer les sentimens que vous ressentez pour elle; je l'ai vue, je l'en ai jugée digne, mon cœur pour elle s'est ouvert à l'amitié, à l'intérêt et, dès ce jour, je l'adopte pour ma sœur et forme le vœu d'en faire ma compagne fidèle.

— Merci, merci cent fois pour elle, madame!

— Michel, resterez-vous seul à Paris, éloigné de ceux qui vous sont chers ne profiterez vous de la démission que vous avez donné pour venir vivre parmi nous?

— Je ne puis madame, je suis décidé à rester soldat.

— Mauvaise décision monsieur, car, en ces temps de paix, cet état ne vous offre nul avancement.

— Hélas! soupire Michel pour toute réponse.

— Venez avec nous, Michel et nous nous occuperons mon père et moi de votre bonheur, de votre avenir.

— Ah! madame, suis-je encore digne que

vous daigniez vous intéresser à moi et ne devrais-je point mourir de honte à vos pieds.

— Michel, mon cher Michel! reprend Amélie d'une voix émue, ne parlons plus du passé.

— Hélas! je suis si coupable envers vous! Mon colonel a dû soumettre mes excuses à votre indulgence?

— Oui, il m'a dit que Michel, refusait Amélie et la fortune, pour se faire l'ami, le soutien de celle qui, la première, fit battre son cœur d'amour; et moi j'ai envié le sort de la femme qui savait se faire chérir ainsi!

— Eh madame! vous n'avez rien à envier, vous si digne d'être adorée, vous, destinée à faire le charme, le bonheur de celui que vous daignerez choisir.

— Non, non Michel, jamais d'amour, jamais d'union pour Amélie, dont le cœur désormais, ne veut se consacrer qu'à l'amitié. Puis s'arrêtant subitement et s'appuyant fortement sur le bras du jeune homme. Reposons-nous un instant, Michel, je me sens faible ! fait entendre Amélie, pâle, tremblante et dans les yeux de qui, le brigadier aperçoit rouler des larmes.

— Qu'avez-vous madame? pourquoi pleurer ? Hélas !

— Venez, venez, je me sens mieux, mais j'ai hâte de rentrer, de revoir mon père! s'écrie la jeune femme se remettant à marcher vivement.

— Une voiture?...

— Non, non, j'ai besoin d'air, ma tête brûle et mon cœur... Ah! Michel ! Michel je souffre, je suis malheureuse...

— Amélie, madame pourquoi ce désespoir.

—Parce que je suis une folle, une enfant, parce que.... Michel, ne m'interrogez pas et perlons de Pauline, de celle qui vous est chère, que je veux aimer aussi, parlons de vous, de vous qui quitterez l'état militaire, et viendrez vivre avec elle, avec moi pour ne plus nous quitter, pour partager notre bonheur, nos chagrins s'il plaisait à Dieu de nous envoyer ces derniers.

— Oui, oui Amélie à vous, toujours près de vous, pour la vie, répond Michel aux paroles de la jeune femme dont il craint d'augmenter par la contradiction, l'exaltation qu'il remarque en elle.

— Michel, nous causerons de tout cela demain, car je compte mon ami, que vous viendrez voir mon père, nous parler de Pauline, que vous nous l'amènerez ainsi que sa vieille mère?

Et Michel de tout promettre. Ils atteignent l'hôtel, monsieur de Norbert est absent; Amélie invite Michel à monter chez elle, il cède n'osant refuser et bientôt il s'asseoit dans le salon, près d'Amélie qui, soit par distraction où par contenance s'est placée à son piano; Amélie, dont les jolis doigts prëludent des accords harmonieux dont les sons ravissans, font pénétrer le trouble , une vive émotion dans l'ame de Michel.

Amélie chante une romance; ce chant est plaintif, il dépeint un amour malheureux, rejeté; il exprime le regret, la douleur, le désespoir et Michel sent une larme rouler sur sa paupière; puis, le chant qui s'éteint lentement et se termine par un douloureux soupir.

Michel a deviné le secret, la douleur d'Amélie, il s'accuse; et triste, silencieux n'ose parler ni lever les yeux puis pour comble d'embarras un valet qui vient annoncer le retour de M. de Norbert de qui, heureusement, Michel reçoit un accueil amical.

XI

LA POLICE.

C'était dans la matinée d'un dimanche, que Coco, libre d'aller passer sa journée près de sa famille, et après avoir quitté son nouvel atelier de bijouterie, remontait la rue Saint-Martin en musant, les deux mains dans ses poches, devant chaque boutique. L'étalage d'un marchand de gravures, captivait depuis un instant, l'attention du jeune homme, lorsque ce dernier sentit une large et lourde main, s'apesantir sur son épaule.

Coco se retourne et voit un paysan à l'air sournois et caustique, qui lui sourit en montrant une rangée de dents qui auraient fait honneur à la machoire d'un cheval tant elles étaient longues et larges.

— A çà, farceur; à bas la patte et veuillez m'apprendre ce qu'il y a de si comique en moi pour exciter votre rire imbécile? dit Coco en toisant cet homme de la tête aux pieds.

— Hé ben! vous ne reconnaissez pas les amis donc? mon jeune gars.

— Moi je ne vous connais pas.

— Oh qu'si, rappelez-vous Jérôme le jardinier, c'tilà qui un soir vous avons envoyé du plomb dans ce que vous savez ben.

— A Auteuil, chez Julia, une danseuse de l'Opéra?

—C'est çà même; à çà, vous ne m'en voulez pu, n'est-ce pas?

— Moi, pas du tout, répond Coco.

— Eh ben! ni moi non pu, malgré le méchanttour que vous nous avions joué en nous enfermant dans une maison qui n'étions pas la vot', ni pu ni moins qu'un rat dans une ratière.

— Dam! vous vous obstiniez à me suivre, moi çà m'embêtait, et voilà!

— Ah! p'tit malicieux! A çà, ousque nous allons comme çà?

— Chez mes parens, flâner tout le dimanche.

— Très ben. très ben! que je ne vous retenions pas, j'étions seulement curieux de savoir si c'était ben vous que j'voyons devant ces images et si j'ne nous tompions pas.

— Maintenant que vous êtes certain de la chose, bonsoir ! fait Coco en tournant le dos brusquement à Jérôme et se remettant en route.

— C'est çà, file ton chemin, va p'tit filou, mais ben fin si cette fois tu m'échappes sans que je connaissions ta demeure. Ah ! tu escaladeras nos murs, tu pénétreras cheux nous pour apprendre les êtres de la maison et y amener après, des voleux et des assassins ! Malheur à toi p'tit brigand !

En disant ainsi, Jérôme, persuadé que Coco n'était autre que l'émissaire des malfaiteurs qui ont volé sa maîtresse et tué M. de Viguerie, marchait à quelque distance, sur les pas de l'enfant dont il épiait les démarches, et qu'il accompagna ainsi jusqu'à la rue d'Angoulême jusqu'à ce qu'il le vit entrer dans une maison d'assez belle apparence.où il pénétra à son tour,et chez le portier de laquelle le malicieux Jérôme,s'empressa de prendre de longues informations sur Coco et sa famille.

— C'est çà, c'est çà, mamzelle Julia à beau dire que non, mais d'après ce que j'venons d'apprendre, j'sommes sûr que le p'tit garnement étions d'accord avec les voleux et qu'il sait ce que sont devenus les diamans.

En causant ainsi, Jérôme, se dirigeait vers la demeure d'un commissaire de police.

— Bonjour mère, bonjour sœur, je viens passer la journée avec vous et tâcher de vous distraire s'il est possible de vos chagrins que je crois bien sérieux quoique vous vous efforciez de m'en cacher la cause.

Et Coco, après avoir dit embrasse les deux femmes qui lui rendent caresse pour caresse.

—As-tu bien travaillé cette semaine, Coco,

ton maître est-il content de toi ? s'informe madame Germain.

— Oh ! oui, bien content, à preuve qu'il m'a donné ce matin la pièce en m'engageant de me régaler ce soir d'un parterre de la gaîté.

— Bien, très bien mon enfant, apprends vite, deviens un bon et honnête ouvrier et le bon Dieu te protégera.

— Oui, bonne mère, je veux devenir un malin dans mon état, ah dam ! c'est sérieux cette fois, je sens qu'il n'y a plus d'argent à attendre de mon pauvre père qui est parti en exil peut-être pour longtemps et qu'il faut que je me dépêche d'apprendre pour ne plus être à votre charge, ah ! que je serai donc heureux le jour où il me sera possible d'apporter, de faire cadeau à ma bonne sœur d'une jolie paire de boucles d'oreilles fabriquée par mes mains, payée par mon travail ; à vous aussi, bonne mère je réserve une petite surprise, attendez, ça ne sera pas long.

— Cher Octave! je reconnais ton bon cœur à ces généreux projets, dit Pauline.

— Dis donc sœur, comment va ta santé aujourd'hui? vrai! je te trouve meilleure mine que ces jours derniers.

— Merci mon frère, je me sens un peu mieux.

— Et l'ami Michel, n'est-il encore venu?

— Michel est de service la journée entière nous ne le reverrons plus que demain.

— Fichtre! c'est dommage, car j'espérais que nous irions tous ensemble faire une petite promenade aux prés Saint-Gervais, à Romainville voir notre ancienne petite maison de campagne que je regrette toujours.

— Ta sœur est trop faible pour sortir, Coco; ensuite, nous attendons cette aimable baronne de Valberg avec qui nous avons à nous entretenir sur notre prochain départ pour sa terre où elle nous enmène.

— C'est ça, et moi je vais rester tout seul à Paris. Comme je m'amuserai, surtout étant consigné de votre part chez mon bourgeois.

— Qui nous a promis de te traiter comme son fils, d'avoir de toi tous le soin possible.

— Fort bien! mais pourquoi ne m'enmenez-vous pas avec vous? dit Coco avec humeur.

— Nous y consentions, et tel était le grand désir de madame de Valberg, mais Michel s'y oppose, il prétend avec juste raison, qu'il faut te laisser apprendre ton état.

— Franchement, il a raison, bonne mère car enfin, en allant m'installer chez cette baronne, ce serait encore du temps perdu, et ma foi! je trouve qu'il y en a assez que je vis aux dépens de Pierre et de Paul, et qu'il faut sérieusement penser à me suffire.

— Bien raisonné mon enfant! va sois certain que nous penserons à toi, que nous viendrons te voir souvent.

— J'y compte mère. Maintenant j'ai faim, est-ce que nous ne déjeunons pas?

Dans l'instant, Octave, aide-moi à mettre la table, dit Pauline en s'arrachant aux réflexions dans lesquelles elle était plongée et se levant afin de vaquer au ménage. Un petit couvert bien propre où brille un peu d'argenterie, où nos trois personnages allaient s'asseoir lorsque la sonnette agitée vivement fit courir Coco à la porte.

— C'est ici, voilà le garnement, dit Jérôme le jardinier en s'adressant à plusieur hommes de mauvaise mine, qui l'accompagnent et avec qui il pénètre brutalement dans l'appartement.

— Messieurs, que demandez-vous? s'informe madame Germain surprise par cette apparition subite en se levant vivement de table.

— Ça, c'est le commissaire du quartier, monsieur Mignard, et puis, le jardinier de la danseuse de l'Opéra, dit Coco en gambadant et fixant sur les nouveaux venus un regard curieux et malin.

— Vos noms, qui êtes-vous, que faites-vous? demande avec grossièreté le commissaire en faisant signe à un des argousins de son escorte, de s'asseoir et d'écrire.

— Je me nomme Germain, monsieur, je suis rentière et madame est la veuve de monsieur de Viguerie, répond la vieille dame tremblante et inquiète en regardant avec surprise la hideuse cohorte qui vient d'envahir son domicile.

— Et cet enfant ?

— Il est mon frère, monsieur répond Pauline, plus pâle que la mort.

— Ses noms ?

— Octave dit Coco, enfant de Paris, apprenti bijoutier, et voilà !

— Monsieur, pourrions-nous savoir, quel but à cet interrogatoire, enfin ce qui vous amène ici ? s'informe Pauline d'une voix douce et émue.

— Silence ! pas de question, et contentez-vous de répondre aux miennes, dit le commissaire d'un ton rude ; puis, s'adressant à Coco c'est vous qui, il y a trois semaines pénétrâtes de nuit et par escalade dans le jardin d'une maison sise à Auteuil ?

— Oui, c'est moi et même que ce brutal que voilà planté comme un échalas au milieu de cette chambre, me lâcha un coup de fusil, répond Coco gaiment.

— Quelle était votre intention en pénétrant dans cette demeure ?

— Ça c'est mon secret, vous ne le saurez pas.

— Pardienne! il venait apprendre les êtres de la maison, pour y amener pu tard les voleux qui ont volé not' maîtresse, le p'tit filou, fait entendre Jérôme.

— Qu'est-ce que tu dis grande ciboule, c'est pas vrai, apprends que je suis un honnête garçon, s'écrie Coco, furieux de cette accusation.

— Pourquoi, lorsque vous fûtes arrêté dans cette maison, donnâtes-vous de faux noms, une fausse adresse et vous échappâtes-vous par la ruse de la surveillance de ce jardinier ?

— D'abord, on ne m'a pas arrêté car

c'est moi qui fus demander à mademoiselle Julia, secours et protection contre la brutalité de ce manant. . . . .

— Monsieur, croyez bien que mon frère est incapable d'avoir commis une mauvaise action et que l'accusation de cet homme est de toute fausseté. Nous sommes peu fortunés, mais voyez en nous des gens irréprochables. . . . .

— C'est possible, cepeudant votre frère vient de s'avouer coupable d'une escalade et de s'être introduit de nuit dans une maison, où quelques jours après fut commis un vol considérable et un assasinat, de plus, il refuse de faire connaître les motifs qui l'ont conduit à cette démarche coupable.

— Oh ciel! parle Coco, dis à monsieur ce que tu allais faire dans cette maison, persuade-le bien, ainsi que je le suis, que tu n'avais nulle mauvaise intention, fait entendre d'un ton suppliant madame Germain, douloureusement affectée de cette scène.

—Tenez, monsieur le commissaire, ça faisons l'effet qu'il y a du louche ici, que nous pourrions ben être ici cheux les recéleuses de la bande, car voyez c'te jeune dame, alle est toute tremblante et aussi blanche que de la farine. Moi, j'avons dans l'idée que si nous cherchions un p'tit brin, qu'on trouverait dans queuxque coin des effets appartenant à not' maîtresse, dit Jérôme.

— C'est une infamie, monsieur, de nous accuser de pareilles choses; cherchez, cherchez nous ne craignons rien, et hâtez vous de sortir par pitié pour ma pauvre fille, ma Pauline qu'effraye votre présence! voyez, voyez la chère enfant est en cet instant plus morte que vive, dit madame Germain hors d'elle en courant vers Pauline qui vient de s'évanouir.

— Monsieur le commissaire, je vous en

prions, peut-être ben que les diamans de mamzelle Julia étions ici! insiste le jardinier.

— Des diamans ici, plus souvent! fait Coco.

— Conduisez ces deux femmes, ce garçon à la préfecture de police, dit le commissaire à ses gens.

— A la préfecture! s'écrie avec désespoir madame Germain.

— Allons, qu'on se dépêche, et que ces chambres soient fermées jusqu'à ce que M. le juge d'instruction en ait ordonné la perquisition.

—Monsieur, au nom du ciel, ne nous traitez pas comme des malfaiteurs, nous sommes innocentes; prenez pitié de nous! dit la vieille dame en joignant les mains et d'un ton suppliant.

—A la préfecture! excusez! vous nous prenez donc pour des voleurs? fait entendre

Coco qui commence à perdre de son insouciance.

— Hâtez-vous de nous suivre.

—Mais messieurs, ayez égard à la position de cette jeune femme : voyez, elle est sans connaissance aucune, prenez pitié d'elle, de mes larmes, de mes cheveux blancs.

Vaines suplications adressées à des gens qui, en acceptant leur odieux ministère, ont à jamais fermé leur cœur à la pitié, aux yeux de qui il n'est pas d'innocent, aux yeux de qui, chaque être humain est un malfaiteur et mérite d'être traité comme tel. Or donc, sans avoir égard aux larmes, aux prières, Pauline à peine revenue de son évanouissement, la vieille Germain et Coco qui se débat comme un diable dans un bénitier, sont arrachés de leur demeure, poussés, empilés dans un fiacre à la vue de toute une populace amassée autour de la voiture.

Dans la soirée de ce funeste jour, dans une chambre horrible, lugubre qu'ils n'avaient obtenue qu'à force d'argent et pour n'être pas confondus avec un amas de malfaiteurs, gisait presque sans vie, étendue sur un grabat l'infortunée Pauline ; à son chevet, la pauvre vieille Germain, le visage baigné de larmes et courbée sous le poids de la honte et de la douleur ; plus loin dans un coin, qu'éclairait à peine la chandelle placée sur une table boiteuse, Coco, couché et endormi sur le carreau.

— Pauline, Pauline ! mon enfant, ma fille chérie ! reviens à toi, fixe un regard sur ta vieille mère et amie, daigne lui faire entendre un mot, un seul mot afin de calmer s'il se peut la douleur que lui inspire ta position.

A ces mots prononcés parmi les sanglots, Pauline entr'ouvre enfin la paupière, fixe un œil terne sur la vieille dame, lui presse la main et faisant un effort.

— Oh ! ma mère, dit-elle, si vous saviez hélas ! Oui nous sommes perdus car l'affreuse vérité va paraître au jour.... Ma mère ! ma mère nous sommes déshonorés !

— Allons, allons, calme tes craintes nous sommes innocentes, on nous rendra justice et liberté; et puis, je viens d'écrire à Michel, à notre unique ami, il viendra nous réclamer demain, prendre notre défense... Pauline, m'entends-tu ?

— Oui, ma mère, Michel.. notre défense.. Hélas ! perdu, perdu ! oh ! mon père, mon père ! murmure la jeune femme d'une voix faible et les yeux fermés.

— Ton père ! ce bon Renaud ! ah ! pourquoi est-il aussi loin de nous en ce moment ? quelle ne serait pas son indignation de voir sa fille vertueuse, la vieille Germain, son Octave en prison et sous le poids d'une affreuse acusation.

Et se penchant de nouveau sur Pauline, la voyant assoupie, madame Germain cesse de parler et le visage appuyé sur sa main elle se livre la nuit entière aux pénibles pensées que lui inspirent sa position et celle des deux êtres qui lui sont chers.

La lecture de la lettre écrite par madame Germain à Michel et que le brigadier reçut le lendemain matin à la caserne fut un coup de foudre pour ce dernier.

— En prison! Pauline en prison! s'écria Michel avec surprise et douleur.

Et libre, il s'élance hors de la caserne, il franchit la distance d'un pas rapide, il arrive à la préfecture, demande à voir les prisonniers auxquels il s'intéresse et apprend qu'en ce moment, ils sont devant le juge d'instruction. Après s'être informé, notre jeune homme se dirige vers la chambre du magistrat et se présente assez à temps pour entendre donner l'ordre de faire perquisition au domicile des prévenus, puis pour recevoir à sa sortie du cabinet du juge, la malheureuse Pauline dans ses bras, et la soutenir jusqu'à la voiture qui va conduire chez eux les trois infortunés.

Michel n'abandonnera pas ses amis, il suit dans une autre voiture celle où il n'a pu être admis et arrive en même temps qu'elle, rue d'Angoulême ; c'est lui, qui dans ses bras emporte et monte chez elle la pauvre Pauline, incapable de se soutenir.

Alors les gens de justice s'emparent du local, fouillent, bouleversent meubles et tiroirs, puis dans un obscur cabinet, derrière un amas de caisses, de malles, ils ramassent un écrin rempli de riches diamans.

— Ce sont eux, je les reconnaissons ; oui, oui, ce sont les diamans de not' maîtresse, Quand je vous disions messieurs, que ce petiot étions un voleux, et sa sœur, sa mère des recéleuses ! s'écrie Jérôme, présent à la perquisition.

— Reconnaissez-vous ces diamans? demande le commissaire aux deux femmes en leur présentant l'écrin.

— Non monsieur, répond Pauline faiblement.

—Je ne les ai jamais vus et ne me doutais nullement qu'ils fussent chez moi, dit à son tour madame Germain.

— Moi de même, ni vu ni connu, fait Coco.

— Monsieur, ces diamans appartenaeint de fait à madame de Viguerie, à qui mademoiselle Julia, ainsi qu'elle le déclarera elle-même, devait les restituer le lendemain du jour qu'ils furent volés chez elle. Quant à la présence de cet écrin, chez madame Germain, il n'y était qu'à son insu, ce qui sera prouvé lors du procès des véritables coupables.

— Où sont-ils donc ces véritables coupables? s'informe brusquement le le commissaire en interrompant Michel.

— L'un en prison, l'autre en fuite, répond le brigadier.

Une heure encore employée à dresser un long procès-verbal, puis Pauline, madame Germain et Coco, d'être reconduits en prison. Quant à Michel, après avoir consolé de son mieux ses amis, avoir fait descendre un peu d'espoir dans leur ame, c'est à Auteuil qu'il court, près de Julia qu'il se rend, afin que celle-ci retire la plainte portée par son jardinier, qu'elle déclare que les diamans appartiennent à Pauline; enfin, qu'elle lui prête aide, secours; pour sauver des malheureux, et éviter un scandaleux procès dont les conséquences inévitables seraient de dénoncer à toute la terre, la pauvre Pauline et son frère, pour les enfans d'un voleur homicide.

Michel a franchi le chemin en peu d'instans, il arrive, sonne à la grille, la jardinière se présente.

— Mademoiselle Julia est-elle visible.

— Non, monsieur.

— Sera-t-elle longtemps absente ? s'informe le jeune homme que cet accident contrarie.

— Dam ! deux ans, peut-être.

— Comment deux ans?

— Oui, deux ans, c'est ce que nous a assuré mam'zelle Julia, en partant il y a deux jours pour la Russie.

CONCLUSION.

Un mois après ces derniers évenemens, l'audience de la Cour d'Assise allait s'ouvrir ; sur le banc des accusés venaient s'asseoir quatre malheureux que la loi allait juger, absoudre où punir.

Ces personnages étaient, d'abord un homme grand, maigre, à la figure pateline, fausse et portant nom Lessoufflé; plus, une jeune femme vêtue de noir de la tête aux pieds, couleur qui faisait encore plus ressortir la pâleur effrayante de son visage; à sa maigreur excessive, à ses traits tirés, il eût été difficile de reconnaître dans cette infortunée, que deux gardes venaient d'apporter mourante dans leurs bras, la jeune et jadis belle, gracieuse Pauline de Viguerie. Auprès de cette dernière, était placée une vieille femme portant nom Germain, dont les larmes abondantes, les sanglots et l'intérêt qu'elle témoignait visiblement à Pauline, intéressaient l'auditoire en sa faveur. Puis, Octave Coco, cette fois triste, la tête baissée et la larme à l'œil.

Maintenant, voyons le banc des témoins: d'abord, Michel en uniforme, la douleur, l'inquiétude empreintes sur les traits; Jérôme le jardinier avec un air triomphant, le sourire sur les lèvres. Madame Ganoche très simplement vêtue, et le visage caché dans un mouchoir qu'elle mouillait de larmes abondantes. Mademoiselle Aspasie Bichautière, la revendeuse à la toilette, qui souriait et bavardait avec les personnes qui l'entouraient, cette dernière appelée au tribunal, pour la reconnaissance des diamans vendus par elle; plus Catherine, la mère adoptive de notre Michel, attirée seulement par l'intérêt quelle portait à trois des accusés, dont elle proclamait bien haut l'innocence à qui voulait l'entendre. Puis encore, Amélie, baronne de Valberg dont les beaux yeux rouges et humides annonçaient la tristesse de l'ame; à côté de cette jeune dame, M. le baron Norbert; puis une foule d'autres personnages inconnus.

Les débats commencent; après deux heures

d'audience, le président se lève et s'adressant aux accusés :

— Ainsi, Pauline de Viguerie et vous femme Germain, dit-il, vous persistez absolument à nier devant le tribunal, que vous saviez la présence chez vous, des diamans volés à Auteuil par les accusés Lessoufflé et Pierre Renaud, dit Brise-tout, votre père et ami ?

— Hélas! monsieur, pouvons-nous avouer une chose qui n'est pas? Non, je vous le jure pour moi et mes enfans, nous ignorions absolument avoir chez nous ces diamans, que Pierre Renaud y aura cachés à notre insu.

—Et vous, Octave Renaud, persistez-vous dans votre première déclaration, concernant votre introduction avec escalade la nuit et dans une maison étrangère? reprend le président.

— Encore une fois, monsieur le juge, je vous jure sur ma foi et sur mon sang, que je sautais dans le jardin, rien autre que pour épier les démarches de mon beau-frère Félix, ainsi que le père me l'avait ordonné, répond Coco en pleurant à chaudes larmes.

— Vous persistez encore, femme Pauline de Viguerie, à nier, que vous eussiez connaissance du vol des trois cents mille francs, commis chez madame Ganoche et de laquelle somme, deux cents mille francs vous furent donnés en dot par l'accusé Pierre Renaud, votre père ?

— Je l'ignorais!.. murmure Pauline avec effort, en levant péniblement sa tête et fixant le président d'un regard languissant.

— Accusés, n'avez-vous aucune preuve à fournir au tribunal, afin de le convaincre de la sincérité de vos réponses! Voyez, cherchez, la chose est importante car il s'agit pour vous, de détruire la terrible accusation de complicité, de recélement qui pèse en se moment sur vos têtes.

— Rien autre, monsieur, rien autre preuve à vous donner de notre honnêteté, de notre innocence, que le bon témoignage que nos amis, ici présens, ont rendu de nous au tribunal, répond madame Germain.

— Et moi, je viens aussi donner le mien, qui j'espère, sera de quelques poids; moi, Pierre Renaud, dit Brise-tout, le voleur, l'assassin de Félix de Viguerie, et le seul dépositaire des diamans de la danseuse Julia, dans le domicile de la dame Germain, fait entendre un homme mêlé jusqu'alors dans la foule, qui la fend en parlant ainsi, escalade la barrière qui sépare le public du tribunal, et vient se livrer à ses juges pour sauver ses enfans.

Pauline à la vue de son père pousse un cri déchirant et s'évanouit.

Le tribunal ordonne aussitôt que Pierre Renaud soit arrêté, ainsi que la clôture de la séance, ce qui s'exécute à l'instant.

— Un mot, brave femme, c'est vous qui tantôt au tribunal, lorsqu'on vous a interrogée en qualité de témoin, avez répondu vous nommer Catherine Bidois, n'est-ce pas? s'informait madame Ganoche à la mère adoptive, de Michel, qu'elle avait suivie et qu'elle venait d'arrêter sur les marches du Palais de Justice, à la sortie de la Cour d'Assise.

— Oui, tout juste, c'est moi-même.. Mais c'est drôle, il me semble que je vous ai vue déjà quéque part, répond Catherine en fixant la dame.

— Et moi aussi; à çà est-ce que par hasard vous ne seriez pas Catherine la vivandière, que je vis pour la dernière fois dans les déserts de la Russie? interroge vivement et avec émotion madame Ganoche.

— Moi-même, et vous, Geneviève la vivandière qui prête à rendre l'ame sur un monceau de neige et de glace me confia son enfant, en me recommandant d'en avoir bien soin.

— Oui, Catherine, oui, c'est moi! viens m'embrasser, et dis tout de suite, ce qu'est devenu le pauvre innocent, que près d'expirer, je confiais à ton humanité, mort peut-être, ce cher petit?..

— Mort! pu souvent! Dieu merci, mon Michel se portons comme charme.

— Michel! dis-tu Catherine, quoi, serait-ce ce beau brigadier de la garde municipale? interroge la dame en tremblant.

— Lui même, un garçon superbe, cinq pieds huit pouces et beau comme un amour.

— Ah! Catherine, ma bonne Catherine, ma reconnaissance, ma fortune entière pour te récompenser d'avoir sauvé, élevé mon enfant !

En disant, madame Ganoche dans son ivresse, embrassait Catherine, et la pressait au point de l'étouffer, puis la prenant par le bras elle l'entraîne jusqu'à son équipage, qui les emporte et les descend dans le riche hôtel de la rue d'Astorg

— Holà ! est-ce que c'est à toi tout çà ; est-ce que c'est ici que tu demeures Geneviève ? demandait Catherine en ouvrant de grands yeux.

— Oui ma chère, à moi cette voiture, cet hôtel, ces meubles et trente mille livres de rentes que dès ce jour je vais partager avec mon fils, mon Michel et toi. Enfin, continue la dame dans son enthousiasme, voilà donc le fin mot et pourquoi, je me sentais si bien disposée pour ce beau brigadier. Mais, où est-il, où est-il, il me le faut, qu'on me l'apporte, que je le baise et rebaise, que je le fasse riche et heureux.

— Michel, ousqu'il est? pardienne à la conciergerie à prodiguer des soins à cette pauvre petite Pauline dont il est amoureux fou, et dont les malheurs font le sien, Répond Catherine.

— Fi donc! la fille d'un voleur, de l'assassin de mon neveu; il faut que Michel oublie cette Pauline, je le veux, il le faut absolument!

— Vous me permetterez au moins de la pleurer, madame, moi qui viens près de vous, réclamer pour elle, une prière, une tombe, dit Michel avec tristesse et qui entrait comme madame Ganoche faisait entendre les dernières paroles.

— Michel! mon enfant! viens dans les bras de ta mère!!

— Vous ma mère, madame, que veut

dire ceci ? répond le jeune homme avec surprise en recevant madame Ganoche dans ses bras, madame Ganoche qui le presse et l'embrasse.

— Oui, Michel, v'la ta mère pour de bon, celle qui prête à mourir de froid et de faim dans les déserts de la Russie, me pria de te sauver la vie en t'emportant avec moi.

— Ah! madame! madame! fait Michel en tombant à genoux suffoqué sous le poids de sa vive émotion.

— Appelle-moi ta mère, mon Michel, car je la suis, te dis-je, juges-en par mes larmes, ma joie, le bonheur que j'éprouve à t'admirer, à te caresser.

Alors, les yeux du jeune homme s'emplissent de larmes et les mots :

—Ma mère ! ma tendre mère! s'échappent parmi ses sanglots.

Maintenant, pourquoi ces prières, cette

tombe, réclamée par Michel lors de son entrée chez sa mère ? Pour l'âme et l'inhumation de la pauvre Pauline, morte de douleur et de honte, en rentrant dans la prison, où, après l'arrestation de son père elle avait été reconduite; oui. morte et dans les bras de Michel, de madame Germain.

Six semaines après ce malheur, Pierre Renaud, condamné aux galères à perpétuité, s'étrangla dans sa prison, le même jour, la vieille Germain et Coco, tous deux reconnus innocens, quittèrent les murs de leur triste cachot, pour le riche hôtel de madame Ganoche, qui, à la prière de son fils, adoptait l'orphelin et la vieillesse.

Un an après, Michel, dont le temps avait cicatrisé la plaie douloureuse que les malheurs et la perte de Pauline avaient fait à son cœur, Michel donc, riche et brillant, conduisit à l'autel, la belle baronne Amélie de Valberg dont les charmes, les vertus, l'avaient captivé.

Quant à Octave Coco, devenu l'enfant de Michel, le protégé d'Amélie, après la mort de la bonne Germain, qui suivit d'un mois celle de Pauline, il fut décidément placé au collége et destiné au barreau.

FIN DU TOME SECOND ET DERNIER.

Imprimerie d'Amédée Saintin, rue Saint-Jacques, 38.

Imprimerie de Pommeret et Guenot, rue et hôtel Mignon, 2,

www.ingramcontent.com/pod-product-compliance
Lightning Source LLC
LaVergne TN
LVHW020615110826
845149LV00002B/472

9782011880826